# REAL

## ESG

- 리얼 ESG -

# 리얼 ESG

초판 1쇄 발행  2023년 1월 20일

**지은이**  이준호 · 강세원 · 김용진 / **펴낸이**  배충현 / **펴낸곳** 갈라북스 / **출판등록** 2011년 9월 19일(제2015-000098호) / **전화** (031)970-9102 **팩스** (031)970-9103 / **블로그**  blog.naver.com/galabooks / **페이스북** www.facebook.com/bookgala / **전자우편** galabooks@naver.com / ISBN 979-11-86518-62-5 (03320)

# REAL
## - 리얼 ESG -
### SK 텔레콤 ESG 추진 라이브 리포트

# ESG

이준호 · 강세원 · 김용진 지음

# 경제 · 사회적 가치를 동시에 추구하는 방법

ESG가 우리 사회에서 화두로 떠오른 시점은 불과 2년여 전이지만 SK그룹은 이보다 앞선 2000년대 초반부터다. '사회적 기업을 통한 사회문제 해결', 'Double Bottom Line' 등의 핵심 키워드를 줄곧 강조해 왔던 것이다. 특히 2017년부터는 "지속가능한 성장을 위해 사회문제 해결과 같은 사회적 가치 창출에 적극 나서야 하며 사회적 기업 생태계 조성 등의 활동이 병행될 때 사회적 가치는 더 많이 창출될 수 있다"며 SK 구성원들에게 적극적인 사회적 가치 창출을 주문하고 있다.

당시만 해도 '사회적 가치(Social Value)'는 생소한 단어여서 그 개념을 정확히 이해하는 사람은 많지 않았다. 필자도 마찬가지였다. 알 듯 말 듯, 맞는 듯 아닌 듯. 그런 모호함을 한 방에 날린 강의가 있었다. 사회적 가치에 관한 한 기업의 사례를 접한 순간 '이런 게 경제적 가치(Economic Value)와 사회적 가치를 동시에 추구하는 방법이구나' 하고 무릎을 탁 칠 수밖에 없었다.

아프리카 케냐의 M-Pesa 서비스 얘기다. 케냐에는 은행 점포들이 많지 않아 현금을 찾으려면 수십km 떨어진 곳까지 가야 하는 불편함을 감수해야 했다. 게다가 현금을 찾아온 이들은 강도의 표적이 되곤 해서 현금을 찾아오는 것도 위험 부담이 컸다. 돈은 돌고 돌아야 경제가 활성화되는데 이렇게 돈이 제대로 흐르지 못하니 케냐의 경제는 당연히 나쁠 수밖에 없었다.

이에 보다폰(Vodafone)은 지난 2007년부터 휴대전화 문자(SMS) 기반의 송금서비스 M-Pesa를 개발해 동네 식료품 가게나 잡화점 등을 상대로 M-Pesa 가맹점을 모으기 시작했다. 우리나라 편의점, 신문 가판 점포들이 손님에게 현금을 받고 교통카드를 충전해주듯이 M-Pesa 가맹점들도 소액이지만 은행 역할을 할 수 있게 한 것이다. 보다폰과 합작으로 설립된 케냐의 이동통신사 사파리컴 가입자들은 동네 곳곳의 M-Pesa 가맹점을 고리로 삼아 휴대전화로 송금도 할 수 있고, 현금을 찾을 수도 있게 됐다.

그러자 케냐 사회에는 변화가 찾아왔다. 현금을 찾아 바로 그곳에서 필요한 물품을 구매하면서 돈이 돌기 시작했던 것이다. 현금을 찾으러 굳이 멀리 떨어진 은행에 갈 필요도 없어졌고, 현금을 찾아오다가 강도의 표적이 될 일도 없어졌다. M-Pesa 서비스를 제공하는 사파리컴 통신 가입자가 날이 갈수록 증가해 몇 년 지나지 않아 시장 점유율이 70%를 넘어서게 됐다고 한다.

요즘엔 휴대전화를 통한 모바일 송금서비스가 새로울 것도 없는 흔한 서비스이지만 그 당시에는 케냐의 열악한 은행 인프라, 이로 인한 현금 동맥경화를 해결해줄 혁신적인 서비스였던 것이다.

보다폰은 케냐의 사회적 문제를 자사 기술 역량으로 해결함으로써 시장 점유율 1위라는 경제적 가치를 얻을 수 있었다. 사회적 가치와 경제적 가치를 동시에 창출하는 방법은 이렇듯 사회적 문제를 비즈니스 기반으로 해결하는 것이다.

기업들 사이에서 'ESG는 생존 전략'으로 인식되면서 ESG 전담 부서를 신설하거나 기존의 유사 업무 부서를 담당 부서로 전환해 ESG 명칭으로 개편하는 사례가 곳곳에서 일어나고 있다. ESG 실무를 맡게 된 담당자들은 자연스럽게 '우리 회사는 지속가능한 사회 발전에 어떻게 기여할 수 있을까?'라는 고민을 하게 된다. 우리 사회와 자본주의를 관통하는 화두인 ESG 앞에서 무엇부터 해야 할지, 어떻게 해야 할지 부담스러운 마음에서다. ESG를 처음 접하는 여러 기업의 ESG 담당자들로부터 조언을 요청받으면서 생각해낸 것이 바로 SKT ESG 실무서다. 대형 서점가에서 ESG와 관련된 서적들이 넘쳐나는 이유이기도 하다. 물론 ESG 관련 책을 하나 더 얹는다는 게 어떤 의미가 있을까 하고 고민도 했다. 그럼에도 시중에 출간된 ESG 관련 책들은 교수, 연구원 등이 이론 중심으로 ESG를 다뤘기에 막상 ESG 실무에 적용하는 데에는 어려움이 있겠다는 판단에서 출간하기로 용기를 냈다.

ESG 같은 새로운 개념을 이해하고 체화하려면 이론을 통해 골격을 만든 뒤 현장의 실제를 통해 살을 붙여 완성하는 과정이 필요할 것이다. 어떤 사람들은 이론이라는 근본적 원리를 열심히 탐구해 새로운 개념을 자기 것으로 받아들이지만 필자의 경우 이론보다는 M-Pesa라는 BM(비즈니스 모델) 같은 사례를 통해 ESG 개념을 이해하고 쉽게 소화할 수 있었다.

SK텔레콤이 우리 사회의 지속가능 발전에 어떤 방식으로 기여하는지를 살펴보는 것으로도 우리 사회의 다양한 사회적 문제를 해결하는 실마리를 찾아낼 것으로 믿어 의심치 않는다. 유영상 SK텔레콤 대표이사는 주주총회나 구성원과의 대화(타운홀 미팅) 등 이해관계자들과 소통하는 자리에서 SK텔레콤의 ESG 지향점 등 ESG의 중요성에 대해서 빼놓지 않고 언급한다. 유 대표는 특히 "ESG는 경영의 목적 함수가 바뀌는 것"이라며 "존경받고 사랑받는 회사가 되기 위해 고객들이 가장 관심있는 것이 무엇인지 고민해보자"고 강조한다. 존경받고 사랑받는 회사는 세상을 이롭게 하고, 사람들을 도와주는 회사이며 돈 벌 생각보다 이런 것들을 어떻게 잘할 수 있을지 고민하고 실행하면 기업가치와 이익은 저절로 따라올 것이라는 게 ESG에 관한 유대표의 믿음이다.

이 책은 SK텔레콤 ESG 부서에서 일어나고 있는 각종 ESG 업무 프로세스를 살펴보고 있다.

1부에서는 ESG가 왜 요즘 시대에 화두로 떠올랐는지 그 배경을 이해한 뒤 환경(E)과 사회(S), 지배구조(G)의 핵심 내용을 통해 ESG 경영의 뼈대를 머릿속에 담을 수 있도록 구성했다. ESG가 환경론자들보다는 오히려 자본주의를 이끌어가는 대형 투자사, 전문경영인들이 위기에 빠진 자본주의에 대응하는 방식으로 ESG를 도입했다는 얘기들을 담았다. 주주 중심의 자본주의가 이해관계자 중심의 자본주의로 변모하는 배경을 이해할 수 있다.

이와 함께 우리 인류의 미래를 위협하는 기후변화를 주목해야 하는 이유도 포함했다. 산업혁명 이전까지 지구 평균 기온은 섭씨 15였다. 인류가 인위적으로 일으키는 기후상태의 변화로 인해 현재 지구는 기온이 얼마나 상승했으며, 기온 상승이 인류에 미치는 영향은 어떤 것인지, 파리기후협정을 통해 1.5도씨 상승 제한 목표에 노력하는 까닭을 금세 이해할 것이다. 온실가스 배출권 거래제는 물론 Net Zero 2050, RE100, SBTi 등 온실가스 감축과 관련한 국제사회의 과제나 방법론을 살펴보고 해당 기업에서 환경경영 동참에 참고할 수 있도록 했다.

사회 분야에서는 종업원이나 협력업체 구성원의 인권 리스크를 방지하는 게 그 어느 때보다 중요해졌다. 인권경영의 핵심으로 떠오른 자사뿐 아니라 공급망 전체의 인권정책, 인권실사 등에 대한 해외 사례와 SK텔레콤의 인권경영 프로세스 전반을 소개했다. 또한 2022년 1월 시행된 중대재해처벌법 등 회사 및 협력업체 구성원의 생명과 안전에 대한 노력, 즉 안전보건 경영방침이나 관리체계를 어떻게 구축해 실행하고 있는지 등을 담았다.

2부는 ESG 경영의 실제 시스템과 프로세스를 살펴볼 수 있는 단락이다. 전사적 ESG 추진 방향 수립과 함께 ESG 성과를 평가와 보상체계로 연계시키는 까닭이 무엇인지 이해할 수 있도록 했다. 이와 함께 "측정할 수 없다면 관리할 수 없다"는 피터 드러커의 명언처럼 비재무적 요소인 사회적 가치(SV)를 측정하는 SK의 DBL(Double Bottom Line)경영의 개념도 담았다. SK 관계사들은 경제적 가치뿐만 아니라 사회적 가치를 어떻게 측정하는지, 왜 화폐로 환산해 측정/관리하는지를 이해할 수 있도록 구성했다. 특히 SK텔레콤이 제품과 서비스를 통해 창출하고 사회적 가치와 관련, 주요 SV 지표 산식을 상세히 소개함으로써 이 책을 읽은 다른 기업 ESG 실무자들 역시 자사가 창출한 사회적 가치를 측정, 관리하는 데 도움이 되도록 했다.

다양한 이해관계자들이 한 기업의 ESG 활동과 그 성과를 파악할 수 있도록 이를 알리는 활동도 중요하다. 지속가능경영 보고서 발간과 함께 DJSI/MSCI/CDP/KCGS 등 국내외 주요 평가기관의 평가 대응 활동이 대표적인 커뮤니케이션 활동이자 수단이다. 특히 주요 평가기관마다 E,S,G 영역에서 평가하는 핵심 지표나 가중치가 사뭇 다르다. 평가기관별로 다양한 평가 기준이 어떤 점인지, 어떤 평가 항목을 중요시하는지 SK텔레콤의 평가 대응 담당자가 그동안 축적된 노하우를 공유하는 장이니 주목할 필요가 있다.

3부는 SK텔레콤의 대표적 ESG 활동을 집중 소개하는 장으로 구성했다. SK텔레콤에서는 각 부서마다 우리 사회 난제를 해결하기 위해 AI와 ICT 기술 등 디지털 역량을 기반으로 수많은 ESG 활동을 하고 있다. 전력 효율화로 온실가스를 줄이는 그린 네트웍스, 플라스틱 중독 사회에서 벗어나는 순환경제, 기술이 이웃이 되고 복지가 되는 사회안전망, 장애인이 사회구성원으로 당당하게 살아갈 수 있도록 벽을 허무는 배리어프리 등이 중요한 축이다. 이 중에서 전사 역량을 모아 추진하는 대표적 과제가 독거노인 대상의 AI 돌봄, 다회용 용기 기반의 자원순환시스템 해피해빗 등으로, 과제를 통해 관련 생태계를 모으고 비즈니스 영역으로 성장하고 있는 요인들이 어떤 것인지 살펴볼 수 있게 했다.

UN의 SDGs 목표 중 마지막 17번 항목은 'Partnerships for the Goal'이다. 의미하는 바는 명확하다. 우리 사회 난제를 해결하는 데 있어 혼자의 힘으로 달성하기는 어려우니 함께 힘을 합쳐야 한다는 뜻이다. SK텔레콤도 이런 정신을 바탕으로 사회적 문제 해결에 관심이 높은 사회적 기업과 소셜벤처를 모아 생태계를 키우고 서로의 역량을 모아 환경과 사회 문제를 해결하는 데 힘을 쏟고 있다. 대표적 스타트업 육성 프로그램 활동을 담아 다른 기업들이 참고할 수 있도록 했다.

SK텔레콤 ESG 담당자들이 펴낸 이 책은 시중의 ESG 관련 서적에 비한다면 ESG 개념이나 트렌드, 전문 용어 등 이론 측면에서 깊이나 인사이트가 매우 부족하다. 다만, ESG 실무자들이 현장에서 고민하고 부딪히면서 쌓아온 다양한 경험과 노하우 등은 알토란 같은 참고 내용이다. 해박한 ESG 이론과 분석을 담은 ESG 전문서적을 접한 뒤에도 여전히 우리 회사가 어떤 사회적 문제를, 어떻게 해결해 나갈 수 있을지, 또 지속가능한 ESG 프로그램이 되기 위해 어떻게 비즈니스화해야 할지 난감하다면, 그런 분들께는 적지 않은 도움이 될 것이라 믿는다.

우리 기업들은 그동안 사회적 책임을 다하기 위해 사회공헌 프로그램을 기획하고 추진하는 데 많은 힘을 써왔다. 비유하자면 우리 사회에서 목말라 하는 사람들에게 이를 해결할 방법으로 물을 구입해 물병을 나눠주는 일을 해왔다. 하지만 ESG 시대에서는 사회문제(목마름)를 지속가능한(사업화) 방식으로 해결해야 한다. 목마른 사람들에게 일회성으로 물을 나눠주는 게 아니라 물을 구입하는 데 쓸 돈으로 우물을 파거나 정수센터를 세워, 지역주민들이 저렴한 값으로 언제든지 물을 마실 수 있게 해주는 쪽으로 방향을 잡기를 권한다.

필자가 보다폰의 M-Pesa 사례를 통해 ESG를 이해하고 사회적 가치 창출 활동을 추진하고 있듯이 깜깜한 밤 망망대해에서 어디로 향할지 고민되는 ESG 담당자들에게 SK텔레콤의 생생한 'ESG 실무서가' 밤 하늘에 반짝이는 북극성처럼 길잡이 역할이 되길 소망해본다.


_ 필자를 대표하여 이준호

- 차례 -

ESG
경영 이해

# 01 왜 ESG 인가?

ESG에 대한 사회적 관심이 식을 줄 모르고 있다. 잠시 반짝하고 사라지는 이슈로 끝나지 않을 것 같다는 게 대체적인 전망이다. 오히려 관심은 지속 증가하는 추세여서 ESG는 전 세계 주요 화두로 발전하는 모습이다.

ESG를 키워드로 언급한 언론 보도량은 2020년부터 크게 증가하기 시작했다. 2020년 한 해 동안 ESG 관련 언론 보도량은 2011년부터 2019년까지 9년간 보도량보다 2배 이상 많다.

이 같은 추세를 반영하듯 국내 주요 언론사를 중심으로 ESG를 주제로 한 세미나, 포럼, 시상 등의 행사가 줄을 이었다.

딜로이트, EY한영 등 대형 컨설팅 회사 중심으로 이뤄졌던 ESG 영역의 컨설팅 서비스가 대형 법무법인에도 도입, 제공되고 있다.

김&장, 지평, 세종, 광장, 율촌, 태평양 등 법무법인들은 ESG 컨설

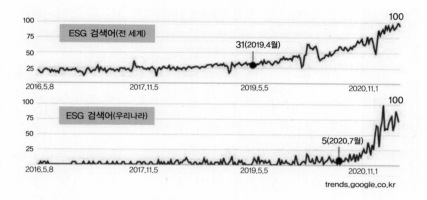

ESG 검색어(전 세계)

31(2019.4월)

100

2016.5.8    2017.11.5    2019.5.5    2020.11.1

ESG 검색어(우리나라)

5(2020.7월)

100

2016.5.8    2017.11.5    2019.5.5    2020.11.1

trends.google.co.kr

턴트 영입 및 ESG 연구소 등 전담부서 설치에 이어 대기업을 대상으로 ESG 전략 수립, 규제 대응, 정보공시 등에 관한 컨설팅 서비스를 앞다퉈 제공 중이다.

## ESG 개념

기업의 비재무적 요소인 환경(Environmental), 사회(Social), 지배구조 (Governance)를 일컫는 ESG가 글로벌 경제의 화두로 등장했다. 과거 기업의 재무적 성과만을 판단하던 방식에서 탈피, 장기적 관점에서 기업가치와 지속 가능성에 영향을 주는 ESG 요소를 반영하여 평가하면서부터다. 2004년 UN 글로벌 콤팩트(Global Compact)가 내놓은 보고서 『변화하는 세계로 금융 시장을 연결하기』(Who Cares Wins: Connecting Financing Markets to a Changing World)에 ESG 용어가 처음 등장했다. 환경,

사회, 지배구조 문제를 잘 통합하는 방법에 대한 지침과 권장사항을 개발하기 위해 초청한 금융기관의 공동 이니셔티브의 결과물이라고 한다. 당시 코피아난 UN 사무총장은 2년 뒤 2006년 UN이 제정한 책임투자원칙(PRI, Principles for Responsible Investment)을 통해 투자자들이 어떤 기업에 대해 투자의사 결정을 내릴 때 재무적 요소뿐만 아니라 환경과 사회에 대한 책임, 지배구조 등 비(非)재무적 요소를 고려하도록 촉구하면서 ESG 용어가 확산되기 시작했다.

ESG와 관련한 개념에는 UN의 SDGs(Sustainable Development Goals, 지속가능 발전 목표), CSV(Creating Shared Value, 공유가치 창출), CSR(Corporate Social Responsibility, 기업의 사회적 책임) 등 다양하게 사용되고 있다. 특히 이 중에서 CSR는 기업이 지금까지 해오던 사회공헌활동 개념으로, ESG가 기업의 사회적 책임 차원을 넘어 지속가능한 성장발전을 위한 평가이자 투자 기준이라는 점에서 분명히 구분돼야 할 것이다. 기업들이 좋은 평판을 받기 위해 CSR를 선택적으로 했다면, ESG는 선택이 아니라 반드시 해야 하는 생존의 전략이기 때문이다.

ESG와 유사한 개념은 앞에 언급된 지속가능 발전 목표(SDGs)이다. UN은 2000년부터 2015년까지 새천년개발목표(MDGs) 시행에 이어 2016년부터 2030년까지 15년간 전 세계가 함께 추진할 국제사회의 최대 공동목표로 SDGs를 설정, 시행하고 있다. 빈곤, 굶주림, 질병, 교육 등 인류의 보편적 사회문제와 기후변화, 에너지, 환경 오염, 생물다양성 등의 환경 및 기후변화 문제, 주거, 노사, 고용 등 경제문제 등 17개 주요 목표로 삼아 해결하자는 것이다. UN의 SDGs는 글로벌 기업들이 핵심 가치로 삼고 있는 지속가능경영, ESG경영의 사실상 기준점이자 뿌리인 셈이다.

## 거세지는 '불평등 개선' 목소리

21세기 들어 대표적 대전환의 흐름은 디지털 전환(Digital Transformation), 탄소 중립 전환(Net Zero) 두 가지로 손꼽는다. 변화의 흐름이 급물살을 타고 있다는 점이나 제대로 대처하지 못하면 낙오/낭패의 위기에 처해진다는 부분에서 서로 닮았다. 특히 탄소 중립의 대전환은 지구촌 사람들에게 ESG를 주목하게 하는 자본주의 위기와 맞닿아 있다. 다시 말해 자본주의가 변하지 않으면 인류의 미래는 없을지도 모른다는 위기의식이 커지고 있다는 뜻이다.

자본주의는 인류에게 풍요로운 물질적 성장, 발전을 제공했지만 성장의 그늘도 점점 짙어지고 있다. 산업혁명이 시작된 1850년대부터 지금까지 세계 경제는 200배 이상 성장했다. 그런 물적 토대 위에 100세 시대를 코앞에 두고 있고, 삶의 질도 어마어마하게 높아졌다. 반면 2015년 종료된 UN의 새천년개발목표 결과에 따르면 전 세계 절대적 빈곤층 인구는 8억3,000만 명에 달하고 있다.

대한민국이 절대적 빈곤국에서 벗어나긴 했지만 2020년 기준 상대적 빈곤율은 18~65세 10.6%, 66세 이상은 40.4%로 매우 높다. 노인 자살률은 어떠한가. 2003년부터 지금까지 OECD 회원국 중 2017년

한 해를 제외하고 노인 자살률 1위라는 불명예를 안고 있다. 자살 이유 1위는 경제적 어려움이다.

통계청에 따르면 OECD 국가 중 10만 명당 자살 사망자 수인 연령 표준화 자살률은 우리나라가 24.6명으로 OECD 평균 자살률(11.3명)의 두 배가 넘는다. 세계 경제대국 10위의 대한민국조차 경제적 어려움으로 생을 마감하는 사람이 이렇게 많다는 것은 무엇을 의미하는 것일까. UN SDGs 10번 목표 '불평등 해소'는 괜히 설정된 게 아니다.

2008년 서브프라임 모기지 사태로 촉발된 금융위기 당시 세계 금융의 거리인 뉴욕 월스트리트에서는 수많은 사람들이 "월스트리트를 점령하라"며 금융과 자본주의 질서에 대한 회의적인 목소리를 내 전 세계인의 주목을 받았다. 금융기업들의 비윤리적 비즈니스로 금융 위기를 초래해 직장을 잃고 집을 잃었는데, 정작 주범인 금융기업들은 구제 금융을 받아 회생하고 CEO를 비롯해 경영진은 막대한 보너스를 챙겨가는 도적적 해이를 보였다. 이에 분노한 시민들이 시위에 참가해 탐욕스러운 금융자본주의에 대해 비판의 목소리를 쏟아내기 시작하면서 자본주의의 위기도 함께 시작됐다.

불평등, 빈곤, 환경 오염, 기후변화 등 사회·환경 문제는 시간이 흐를수록 심각해지고 있다. 특히 팬데믹 상황으로 치달은 코로나19를 계기로 기후변화, 국민의 위생과 안전 등 사회적·환경적으로 근본적인 변화가 필요하다는 목소리가 터져 나왔다. 주주의 이익을 중시하는 주주 중심의 자본주의에서 종업원, 지역사회 등 모든 이해관계자 이익과 가치를 중시하는 이해관계자의 자본주의로 바뀌어야 한다는 목소리가 강력한 힘을 얻게 된 것이다.

MZ세대가 소비의 주축으로 떠오르면서 ESG 확산에 힘이 실리고 있다. 젊은 세대들은 소위 '착한 기업'의 제품, 서비스 구매에 적극적인 성향을 보이고 있기 때문이다. 한국소비자광고심리학회와 회계/컨설팅 법인인 EY한영이 2022년 10월 공동 주최한 'ESG Best Practice' 포럼 참가자 대상 설문조사 결과, 국내 ESG 분야 종사자 5명 중 4명은 ESG 소비가 시장의 주요 변수가 될 것이라고 전망했다. 기업들의 ESG 투자 및 성과가 구매 결정에 미치는 영향에 대해 총 응답자(115명) 중 79%가 제품이나 서비스를 구매할 때 해당 기업의 ESG 투자 및 그 성과를 고려한다고 답했다. 영향을 미치지 않는다는 답변은 5%에 불과했다.

또한 응답자의 93%는 지속가능성을 지향하는 소비가 향후 5년간 계속 성장할 것으로 전망했고, 지금보다 줄어들 것이라는 응답자는 1%에 그쳤다. 이처럼 기업들은 ESG 중시 환경하에서 기회이자 위기인 상황에 놓여 있다.


## ESG 불씨 지핀 금융자본주의 큰손

기업에 ESG를 주문, 자본주의의 변화의 불씨를 지핀 장본인이 정작 큰손의 투자자(주주)라는 점은 아이러니컬하다. 자본주의가 심각한 위기 상황에 처했다고 느낀 이들은 ESG를 해법으로 들고 나왔다. 운용

자금 규모가 9조 달러인 세계 최대 자산운용사 블랙록(Black Rock)의 최고경영자 래리 핑크는 그 첫걸음을 내디딘 주인공이다. 그는 해마다 신년이 되면 자사가 투자한 기업 CEO에게 공개편지를 보내고 있다. 2018년 1월 래리 핑크는 이런 편지를 보내 화제가 됐다.

"사회는 모든 기업에 사회적 목적에 봉사하라고 요구 중이다. 오랜 시간에 걸쳐 번창하기 위해서는 기업이 재무실적만 챙겨서는 안 된다. 주주, 직원, 고객, 지역사회와 같은 모든 이해관계자에게 골고루 이익을 나눠 줄 수 있어야 한다."

다시 말해 기업은 지속가능한 성장을 추구해야 하며 이를 위해 환경, 사회, 지배구조 문제를 잘 해결할 역량을 갖춰야 한다고 주문한 것이다.

2020년 1월 래리 핑크는 투자기업 CEO에게 보낸 연례서한을 통해 "기후변화에 제대로 대응하지 못하는 기업에는 투자하지 않겠다"고 선언했다.

블랙록 투자의 방점은 지속가능성에 두고 있다. 지속가능성 리스크가 높은 자산으로 온실가스 배출의 주범인 석탄 발전 기업을 거론하며 투자금 회수(주식 매각)에 나선 것은 물론이다. 래리 핑크의 영향력은 막강했다.

'기후 리스크는 곧 투자 리스크.' 래리 핑크의 이 같은 생각과 행동은 전 세계적인 ESG 열풍을 일으켰다. 그도 그럴 것이 블랙록의 운용 자산 규모는 앞서 말한 것처럼 9조 달러다. 한 국가의 GDP(국내총생산)로 비교해 봐도 미국, 중국의 GDP 다음이다. 굴리는 돈이 세계에서

GDP 기준으로 미국과 중국 두 나라를 제외한 모든 나라들보다 크다는 뜻이다.

분명한 것은 래리 핑크가 넷제로, 탈탄소 등 기후변화, 환경보호에 남다른 철학 때문에 ESG 투자로 선회한 것은 아니라는 점이다. 래리 핑크는 스스로를 환경주의자가 아닌, 자본주의자라고 밝히고 있다. 그는 "블랙록이 추구하는 ESG는 기업, 주주 모두가 공동 번영하기 위한 이해관계자 자본주의의 수단"이라고 강조하기도 했다.

그럼에도 불구하고 그가 'ESG 투자', '이해관계자 자본주의'라는 자본주의의 변화를 선도했다는 점에서 더 나은 미래를 위한 의미 있는 족적으로 평가받기에 충분하다. ESG 열풍은 잠시 스쳐가는 바람이 아니다. 완전히 새로운 변화, 다시 말해 시대정신으로 자리 잡고 있기 때문이다.

2022년 초에도 그는 기후변화 대응에 적극적인 기업과 직원이 일하기 좋은 기업에 투자하겠다는 방향성을 밝혔다. 뿐만 아니라 ESG 문제를 소홀히 하는 경영진에게는 주주로서 해임 건의를 비롯해 반대 의사를 표시하겠다는 뜻도 분명히 드러냈다.

## 비즈니스 라운드 테이블 CEO들도 공감대

래리 핑크 블랙록 CEO가 2018년 초 기업 CEO들을 향해 ESG 경영을 촉구한 지 불과 1년 후인 2019년 8월 주요 대기업 경영자들도 이

대열에 합류했다. 세계 경제산업을 쥐락펴락하는 애플의 팀 쿡, 아마존의 제프 베이조스, GM의 메리 바라는 물론 JP모건체이스, 보스턴 컨설팅그룹, AT&T, BP의 CEO 등 미국 주요 대기업 CEO 모임인 비즈니스 라운드 테이블에서다. 『기업의 목적에 관한 선언』을 통해 총 181명 CEO들은 "주주뿐 아니라 모든 이해관계자를 중시하는 경영을 하겠다"고 다짐했다. 기업의 목적은 주주의 이익만 고려하는 게 아니라 구성원(직원), 고객, 협력업체, 회사가 기반을 두고 있는 지역사회 등 모든 이해관계자의 이익을 배려하는 것이라고 새로운 원칙을 내세운 것이다.

비즈니스 라운드 테이블은 그 이전까지는 '주주 중심주의' 지배구조 원칙을 고수해왔기에 시장에서는 도대체 무슨 의도인지, 진정성이 있는 선언인지 등을 놓고 한동안 의견이 분분했다. 블랙록, 비즈니스 라운드테이블의 ESG 방향 선언에 이어 피델리티자산운용이나 네덜란드공적연금(APG) 등 대형 투자기관들도 속속 ESG 투자 물결에 합류했다.

기후대응 100+는 2050년까지 온실가스 배출을 줄여, 탄소 순배출량을 제로(0)에 맞추자고 요구하는 모임이다. 얼핏 보면 환경단체처럼 보이지만 실제는 블랙록을 비롯한 전 세계 투자사들의 모임이다. 이들 투자사가 기후변화 대응에 적극 나설 것을 주문하는 까닭은 기후변화가 향후 기업 실적에 가장 직접적인 타격을 줄 수 있다고 판단하기 때문이다.

네덜란드공적연금은 2020년 2,000만 유로의 한전 지분을 매각하고 떠났다. 한전이 인도네시아,베트남 등의 석탄발전소 프로젝트에 참여키로 한 것을 문제 삼았다. 덴마크 국영기업인 동(DONG)에너지 기업은 북해에서 석유, 천연가스를 생산해오다 2017년 석유 사업부문을 매각했다. 사명도 '오스테드'로 바꾸고 해상풍력 발전 회사로 거듭나고 있다. 온실가스 배출 사업을 버리고 친환경 재생에너지로 전환하자 시장도 환영했다. 매각 당시 주가보다 3배 이상 오르는 등 기업가치가 오히려 높아졌다.

이제 기업에 'ESG는 선택이 아닌 필수'인 시대다. ESG 경영전략 내지 지속가능 경영전략이 기업에게 장기적으로 성장, 발전은 물론 생존하는 데도 유리하다는 인식이 퍼지고 있다. 오히려 ESG를 하지 않으면 투자사들로부터 외면당한다는 점을 목도하고 있어서다.

자본주의하에서 외부의 투자금은 기업에 생명수와 다름없는데 ESG를 외면했다가는 투자를 받을 수 없을 뿐 아니라 이미 받은 투자금도 회수해 간다. 이런 상황에 기업의 선택지는 명확하다. ESG는 이렇게 2020년부터 투자, 기업경영의 뉴노멀로 자리 잡기 시작했다.

온실가스의 주범인 탄소배출로 인한 지구온난화, 대기환경오염 등 환경 문제는 어찌 보면 자본주의 체제 위기보다 더 심각한 생존을 위협하는 이슈이다. 지구온난화로 인해 지구촌 곳곳에서 재해가 일어나고 있다. 홍수, 산불, 살인적인 더위와 추위 등 기후변화는 이제 누구나 체감하고 있다. 뒤에서 소개될 환경경영을 통해 자세히 살피겠지만 지구온난화는 이제 인류의 문제가 됐다. 하지만 마땅히 해결할 방법이 없다. 탄소를 줄이는 것, 즉 탄소중립 사회로 가는 것이 유일한 답안이고, 그다음은 이미 온도가 올라간 기후 환경에 맞춰 살아가는 것뿐이다. 소위 적응(Adaptation)이라는 개념인데, UN이나 기후전문가들이 기후변화 대응 방안에 포함한 것을 보면 지금까지 축적된 온실가스로 인한 기후변화는 쉽게 바꾸기 어렵다는 의미일 것이다.

몇 년 전 여름 서울의 기온이 섭씨 39.6도까지 오른 적이 있다. 대한민국에서 지금부터라도 2050 넷제로를 목표로 온실가스를 줄이더라도 이런 기후를 일상으로 여기며 살아야 한다는 뜻이다. 또한 지금처럼 온실가스를 배출한다면 여름에 섭씨 40도가 넘는 게 일상이 될 것이라는 경고이다. 더 이상 지구 온도가 이런 식으로 마구 올라가는 것을 팔짱만 끼고 볼 수 없다는 공감대가 여러나라, 기업을 중심으로 빠르게 형성된 배경이기도 하다.

인류의 역사를 200만 년이라고 볼 때 지금으로부터 200년간 에너지 소비로 배출한 온실가스가 200만 년에서 200년을 뺀 나머지 기간의 배출량보다 많다. 지금 같은 에너지 소비 형태가 계속된다면 더욱더 J커브 형태로 온실가스는 기하급수적으로 발생될 것이다. 사실 우리 인류는 산과 들의 나무를 태워 난방과 취사 에너지원으로 오랜 시간 사용해왔고 지구 생태계는 스스로의 정화능력을 통해 아무런 문제가 되지 않았다. 그런데 산업혁명을 계기로 석탄, 석유 등 탄소를 많이 배출하는 원료로 에너지를 마음껏 쓰기 시작하자 인류 역사 1만분의 1도 안 되는 짧은 시간 동안 지구 자정 능력의 임계점을 위협하는 지경에 놓이게 됐다.

현재 우리나라의 태양광 등 재생에너지 발전 비중은 2021년 말 기준 7.5%에 불과하다. 중국조차 재생에너지 발전 비중이 30%에 육박하는 상황에서 이렇게 낮은 재생에너지 비중은 국가와 기업의 경쟁력 약화로도 이어질 전망이다. 이유는 간단하다. 재생에너지가 충족되지 않으면 앞으로는 그 어떤 외국 기업과 자본도 한국에 들어오지 않을 것이기 때문이다. 대한민국은 전 세계 7, 8위 온실가스 배출 대국이다. 전기, 수도, 가스 등을 공공재 성격으로 간주해 물가 안정 차원에서 서민들에게 값싸게 공급해왔다. 원가도 안 되는 전기 요금은 결국 시장에 왜곡된 시그널과 소비 행태를 안겨줄 뿐이다. 그 부담도 결국은 국민이 다른 방식으로 껴안아야 할 몫이다.

2050년쯤에는 대부분의 국가가 재생에너지 비중이 80% 이상 차지한다는 맥켄지 컨설팅의 보고서가 있다. 우리나라의 계획은 어떤가. 12월에 구체화될 예정이지만 지난 8월 정부가 밝힌 에너지 믹스 계획으로는 2030년 목표가 신재생에너지 21.5%, 원전 32.8%, 석탄 21.2%, LNG 20.9% 비중이다. 신재생에너지 비중을 줄이는 대신 원전 비중을 확대하는 게 골자다. 신재생에너지 비중을 갖고 2030년 RE100용 재생에너지 수급을 전망하면, 재생에너지 공급량은 130TWh가량이어서 발전사가 구입하는 RPS 의무 공급량 110TWh를 제외할 때 RE100을 선언한 기업들은 재생에너지를 쓰고 싶어도 쓸 수가 없다. 재생에너지 공급이 최소 20TWh, 많게는 40TWh 부족할 것이기 때문이다. 삼성전자가 RE100에 동참하겠다고 선언했는데, RE100 등 넷제로 이행 비용에 대해 우려의 목소리가 터져 나오는 것은 현실적으로 재생에너지 수요에 비해 공급이 제대로 이뤄지지 않을 것이 예견되기 때문이다.

독일의 사정을 살펴보자. 재생에너지 최강국으로 꼽히는 나라 중 한 곳이 독일이다. 독일은 이미 20여 년 전부터 탈원전, 탈석탄을 기치로 재생에너지 길로 돌아섰다. 2022년 2월 러시아가 우크라이나를 침공하면서 독일을 포함한 유럽은 폭등하는 에너지 가격에 주름살이 깊어졌다. 러시아가 서방의 제재에 맞서 유럽으로 가는 천연가스를 묶어버리자 독일 등 유럽 국가들은 날벼락을 맞게 된 것이다. 독일의 선택은 어떠했는가. 과거 원전의 발전 비중을 낮추고 이를 대신한 게 LNG였다. 독일은 러시아—우크라이나 전쟁이라는 악재와 관련, LNG 가스의 단기적 대체재로 원전을 준비할 뿐 탈원전 기조는 변함이 없다는 게 언론의 주된 분석이다. 오히려 이번 전쟁을 계기로 삼아 러시아의 LNG 의존의 늪에서 벗어나오자는 목소리가 커지고 있다. 독일 정부가 에너지 안보를 위해서라도 재생에너지 확대에 박차를 가해야 한다며 2030년까지 재생에너지 발전비중 목표를 당초 65%에서 80%로 끌어올린다는 당찬 계획이 나왔을 정도다. 이게 어떻게 가능할까. 독일 정부와 국민은 석탄, 가스, 원전에서 태양광, 풍력 등 신재생에너지로 가는, 일종의 부담금인 '에너지 전환' 비용을 전기료에 포함해 기꺼이 부담했기 때문이다. 2022년 하반기에 독일은 그린패러티 달성을 계기로 재생에너지 부담금을 폐지했다. 화석연료 발전 중심이면서 원가에 못 미치는 전기료로 40조 원 이상의 적자를 눈앞에 둔 우리나라(한전)와 재생에너지 발전을 위해 전기료에 전환비용을 부담시켜가며

에너지 독립을 목표로 하는 독일의 방식. 저마다 의견이 분분하겠지만 적어도 가까운 미래 에너지 문제에 있어 지속가능성의 결실이 어디에 있을지는 분명해 보인다.


## 무역장벽이 되고 있는 온실가스 배출

2020년대 들어서면서 탈탄소, 탄소중립 등의 흐름은 이제 거스를 수 없는 뉴노멀로 자리 잡았다. ESG 열풍, RE100, CBAM 등이 이런 흐름을 보여주는 단적인 예다. 기업이 ESG를 해야 하는 이유 중에 기후 변화와 관련, 탄소를 줄이는 게 기업 경쟁력이 되고 있다는 점을 주목해야 한다.

산업통상자원부와 국가기술표준원의 2021년 무역기술장벽(TBT, 비관세 장벽) 연례보고서에 따르면 세계무역기구(WTO)에 통보된 각국의 환경 분야 TBT는 총 542건으로 전년(2020년) 대비 34% 이상 증가했으며 전체 TBT의 21%를 차지했다.

EU가 탄소중립 달성을 위한 정책수단의 하나로 추진 중인 탄소국경세(CBAM)[1]를 살펴보자. 환경과 관련한 무역장벽이 될 공산이 크다. 철강, 시멘트 등 탄소를 많이 배출하는 제조업 품목을 중심으로 EU의 배출권 가격과 연동해 생산 지역 간 단위당 탄소 가격 차이에 따른 값을 지불하게 된다. 쉽게 얘기하면 물건을 만드는 과정에서 우리(EU)는 탄소배출을 줄이는 데 비용을 썼고, 당신들은 비용을 쓰지 않았으니 그 탄소비용 차이만큼 관세를 물리겠다는 것인데, 탄소배출 줄이는 비용을 아껴 가격경쟁력이 높아지는 것을 인정하지 않겠다는 취지다. 2023년 1월부터 CBAM이 시범 도입되는 것으로 확정됐으며 2025년 또는 2026년 본격 도입을 저울질하고 있다. 또한 2022년 말까지 EU 의회, EU이사회, EU집행위 3자간 협상을 통해 품목, 범위, 시행시기, 운영 주체, 무상할당권 폐지 등 세부 내용이 정해질 예정이다.

현재 거론되고 있는 철강, 시멘트, 비료 등의 탄소국경세 적용 품목의 경우 국내 생산 때 소요된 탄소배출량에 따른 탄소가격을 지불하지 않는다면 관세의 형태로 EU에 해당 금액을 납부해야 한다. 이 중 철강 산업은 가장 큰 타격을 입게 될 것이 확실시된다. 우리나라 제조업의 핵심인 철강 산업은 현재 국내 탄소배출량 1위 분야이다. 현재는 고탄소 제조업 품목 일부에 한정되지만 앞으로 탄소국경세 부과 대상 품목은 더욱 확대될 전망이다. 탄소국경세 해당 품목의 가격 상승이 해당 품목 하나로 그치지 않고 연관 산업에도 전파된다는 점에서 기업들은 그 파장의 여파를 지켜봐야 할 것이다.

CBAM이 국가 차원의 탄소 규제라면 RE100(재생에너지 사용 100%)은 누가 시키지도 않았는데 기업들이 자발적으로 참여하는 탄소규제다. 많은 글로벌 기업들은 RE100 참여는 물론 납품 협력업체에도 동참할 것을 압박 중이다. 이들 기업은 '재생에너지가 탄소배출을 줄이는 가장 효과적이고 빠른 방법'이라고 판단하고 늦어도 2050년까지 넷제로 달성을 위해 RE100을 하겠다는 것이다.

애플의 경우 자사는 물론이고 협력사들과 함께 2030년까지 애플의 모든 공급망에서 탄소중립을 달성하겠다며 협력업체들까지 RE100 참여를 의무화했다. 뒤에 나올 환경경영에서 자세히 소개하겠지만 탄소배출은 스코프(Scope) 1,2,3 세 가지가 있다. Scope 1(직접 배출)은 기업 사업장 내부에서 사용한 화석 연료로 배출된 온실가스로 차량, 보일러 등의 연료로 이해하면 된다. Scope 2(간접 배출)는 기업의 사업장 내부에서 사용하는 전력, 스팀에 의해 배출된 온실가스다. 실제 온실가스 배출 장소는 전력과 스팀을 생산하는 발전소 등의 사업장이지만, 탄소배출 전기를 쓰는 기업이 간접적으로 책임이 있다는 취지에서 간접배출로 분류된다. Scope 3(재간접 배출)은 기업의 사업장 밖에서 배출되는 온실가스로 기업 경영활동 과정에서 발생한다. 예컨대 SK텔레콤이 고객들에게 통신서비스를 제공하기 위해 중계기 등의 통신장비는 삼성전자, 에릭슨 등으로부터 구입하는데, 이 장비를 만드는 과정에서 온실가스가 배출되므로 재간접 배출 개념으로 분류하고 있다. 애플 입장에서는 협력업체들이 반도체나 휴대폰 기기를 만들 때 온실가스도 함께 배출되는데 Scope 3 영역에서 온실가스 배출 책임을 갖게 되는 셈이다. 물론 애플에 납품하는 협력업체 입장에서는 Scope 1 · 2 영역에서 온실가스 배출 책임에 해당돼 중복 산정 이슈가 있다. 넷제로 달성 범위는 기업이 소유하거나 통제할 수 있는 시설에서 발생한 온실가스, 즉 Scope 1, Scope 2에 국한한 배경에는 이런 이유가 있다. 하지만 최근에는 애플처럼 Scope 3 온실가스 배출량 관리와 감축을 요구하는 추세가 강화되고 있다.

팀 쿡 애플 CEO는 "기후변화에 맞서 싸우는 것이 애플의 가장 시급한 우선 순위 중 하나"라고 강조할 정도다. 애플은 협력사들이 애플에 공급하는 제품 생산 과정에서 Scope 1·2 배출량을 얼마나 줄였는지 매년 보고하도록 요구하면서 탄소배출 절감의 진전 여부를 살피고 있는데 Scope 3 영역까지 관리, 감축하겠다는 강력한 의지에 다름 아니다.

이에 SK하이닉스, TSMC, ST마이크로일렉트로닉스 등 애플의 주요 협력사들은 애플에 공급하는 제품의 생산 공정에 100% 재생에너지 전력을 사용하겠다고 약속한 상태다. 재생에너지가 아닌 화석연료로 만든 전기를 사용해 반도체를 생산, 공급한다면 애플은 구매를 거절하겠다고 선언했기 때문에 선택의 여지는 없어 보인다.

제품을 만들 때 어떤 에너지로 만들었는지가 중요해지면서 온실가스 배출은 국가뿐만 아니라 기업들의 대응 능력에 관한 새로운 무역 장벽으로 떠오르고 있다.

문제는 국내의 경우 재생에너지 수요가 계속 증가하는 데 비해 공급 속도가 이를 따라가지 못하고 있다는 점이다. 2021년 기준 국내 발전량 중 재생에너지 비중은 7.5%에 불과했다. 같은해 주요 국가의 재생에너지 비중은 영국(40.9%), 독일(40.6%), 유럽연합(26.6%), 미국(12.9%) 등의 순이다. 온실가스 주범국이라고 비난받는 중국조차 이미 재생에너지 발전 비중(29.8%)은 육박하고 있다. SK하이닉스가 국내에서는 RE100으로 애플에 반도체를 납품하기 힘들지만 중국에 있는 공장에서는 RE100으로 애플에 납품할 수 있는 까닭은 여기에 있다.

# 02  환경경영(E)_ 날씨와 기상 그리고 기후 & 변화

날씨는 우리 생활과 매우 밀접하다. 일터로 출근하기 전에 습관적으로 날씨를 확인한다. 오랜만에 가족과 여행을 간다면 여행 내내 좋은 날씨를 기대하고, 인생의 중요한 순간 좋은 날씨는 덕담의 소재일 정도로 우리 생활에 깊숙이 들어와 있다.

국립국어원에 따르면 '날씨'라는 말은 19세기까지는 한글 문헌에 나타나지 않았다. 날씨는 주로 맑고 흐리고 덥고 춥고 습하고 건조한 기상 상태를 구체적으로 가리키는 말이다. 여기에 해(태양)가 하늘에 반복적으로 뜨고 지는 시간적 개념이 더해져 하루(날) 동안의 대기상태를 이르는 말이 되었다.

그럼, 기상은 무엇인가. 날씨가 여러 날 쌓이면 기상이 된다. 즉, 특정한 장소에서 일주일이나 한 달과 같이 여러 기간 동안 날씨를 모아서 기상으로 부른다.

여기에 반해 기후는 날씨나 기상보다는 좀 더 지속적이고 반복적인 개념으로 대개 30년 정도 장기간에 걸친 기상의 평균적인 특성을 말한다. 그래서 우리가 살고 있는 북반구 중위도 부근을 '온대기후' 지역이라고 부르지 '온대기상' 지역이라고 하지 않는다.

기후변화는 특정 지역에서 나타나는 장기간의 기상이 자연적인 원인이나 인간의 행위로 인해 평균적인 범위를 벗어나는 현상을 말한다. 일생에 한 번 겪을까 말까 하는 초강력 태풍이 수시로 발생하거나, 사막에서 이례적인 폭우가 쏟아져 홍수 피해가 나는 것이 기후변화의 단적인 사례이다.

IPCC(Intergovernmental Panel on Climate Change, 기후변화 관련 정부 간 협의기구)는 세계기상기구(WMO)와 유엔 환경계획(UNEP)이 공동으로 설립하였다. 기후변화의 원인과 영향, 위험을 평가하고 국제적인 대책을 촉구하고 있는데, IPCC에서 정의하는 기후변화는 기후상태의 변화를 의미한다. 즉, 통계적 방법으로 확인되며 수십 년 또는 장기간 기후상태의 평균값에서 벗어나는 변화이거나 기존 기후상태가 갖는 특성의 변화를 의미한다.


## 기후변화의 원인

기후변화의 원인은 다양하다. 지구 밖에서 찾을 수도 있고 지구 안에서도 그 원인이 있다. 태양의 흑점은 수십 년을 주기로 늘었다 줄었다를 반복한다. 그에 따라 지구로 들어오는 태양 에너지의 양에 변동이 생기면 지구 온도가 영향을 받는다. 또한, 갑작스레 폭발한 화산은 대기중에 화산재를 분출하여 햇빛을 차단하고 대기 온도를 낮추기도 한다. 과거에는 자연적 현상이 기후변화의 주요 원인이었다면 현재 진행되고 있는 기후변화는 주로 인간활동의 결과인 점이 다르다.

이처럼 기후변화는 이제 '인간이 인위적으로 일으키는 기후상태의 변화'로 보는것이 더 타당하다. 산업혁명 이후 석유, 석탄과 같은 화석연료 사용이 급격하게 늘어나면서 많은 양의 이산화탄소가 대기 중으로 배출되었다. 그에 반해 이산화탄소를 흡수하는 숲과 나무는 산업화와 도시화로 인해 그 면적이 많이 줄었다. 이렇게 늘어난 이산화탄소의 양은 지구 온도를 일정하게 유지하는데 좋지 않은 영향을 미친다. 대기중에 이산화탄소 농도가 짙어질수록 지구의 온도가 비정상적으로 높아지는 온난화 현상이 나타나기 때문이다. 2021년 8월 IPCC의 6차 평가보고서(AR6, Assessment Report 6)에는 "지난 200만 년 넘게 대기중 이산화탄소 농도가 이처럼 높은 적이 없었다"라는 발표가 담겼다. 이제 기후변화는 인류 생활과 지구 생태계에 직접적인 위협으로 다가오고 있다.

이산화탄소와 같이 지구온난화에 직접 영향을 미치는 가스형태의 물질을 온실가스[1]라고 부른다. 국제적으로 규제하는 온실가스 종류 중 이산화탄소($CO_2$)가 가장 많은 비중을 차지하며, 그 외 메탄($CH_4$), 아산화질소($N_2O$), 수소불화탄소($HFC_s$), 과불화탄소($PFC_s$), 육불화황($SF_6$), 삼불화질소($NF_3$)를 대표적 온실가스로 정의하고 있다.

• 지구온난화를 일으키는 온실가스의 종류

| 구분 | 발생 특징 | 대기중 체류시간(연) |
|---|---|---|
| 이산화탄소($CO_2$) | 화석연료 연소를 통해 발생 | 50~200 |
| 메탄($CH_4$) | 유기물 및 가축의 배설물 분해과정에서 발생 | 12 |
| 아산화질소($N_2O$) | 석탄 채광, 연료 연소, 질소비료 사용 시 발생 | 114 |
| 수소불화탄소(HFCs) | 냉장고/에어컨 냉매로 사용 시 발생 | 12 |
| 과불화탄소(PFCs) | 전자제품, 도금산업, 반도체 세정용 사용으로 발생 | 10,000 |
| 육불화황($SF_6$) | 전기제품, 변압기 등의 절연가스 사용으로 발생 | 3,200 |
| 삼불화질소($NF_3$) | 전자기기, 반도체, LCD, 태양전지 세정용 사용으로 발생 | 500 |

## 기후변화의 영향

2030년까지 온실가스 배출량을 획기적으로 줄이지 못한다면 기후변화의 영향은 일상생활 속에서 훨씬 다양하게 나타날 것이다.

　홍수는 더욱 빈번해지고 한파는 강해질 것이며 폭염으로 대지는 뜨거워질 것이다. 뜨거워진 대지와 메마른 대기는 산불의 발생 빈도를 높혀 인명과 재산에 피해를 입히고 숲속에서 사는 동식물을 하루아침에 빼앗아 갈 것이다.

• 최근 기후변화로 인한 피해 사례

| 구분 | 피해 내용 | 발생시점 |
|---|---|---|
| 인도네시아 자카르타 대홍수 | 새해에 내린 폭우로 10만 명 이재민과 66명의 사망자 발생 | 2020년 1월 |
| 호주 전역 산불 | 1,800만 헥타르에 산불 발생, 동물 10억 마리 희생 | 2020년 1월 |
| 인도 메뚜기 떼 | 아프리카 메뚜기 떼가 인도에 상륙, 5만 헥타르 농경지 피해 | 2020년 6월 |
| 미국 캘리포니아 산불 | 1만 번의 벼락으로 인해 367건의 화재 발생, 서울 면적 약 4배의 산림 소실, 6명 사망 | 2020년 8월 |
| 중국 대홍수 | 중국 중남부 지역의 홍수로 이재민 7000만 명, 37조 원의 경제적 손실 발생 | 2020년 8월 |
| 미국 허리케인 로라 | 루이지애나주에 4등급 허리케인 상륙, 85만 가구 전기공급 단절, 4명 사망 | 2020년 8월 |

출처 : 환경부 환경교육포털 홈페이지

IPCC는 2018년 '지구온난화 1.5도 특별보고서'에서 산업화 이전(1850~1900년) 지구 평균온도 대비 1.5도 도달 시점을 2030~2052년으로 전망하였으나, 2021년에 펴낸 6차 보고서에는 현재와 같은 속도라면 향후 20년 안에 1.5도에 도달할 것이라고 경고했다. 기후변화의 진행 속도는 더욱 빨라졌으나 인류가 대응할 시간이 그다지 많지 않다는 의미다.

기후변화의 영향을 고려할 때 1.5도는 중요한 의미를 가진다. 1.5도는 기후변화를 막기 위해 전 세계가 2100년까지 지켜야 할 지구 평균온도 상승 억제 목표로 다음 세대 생존을 위한 일종의 마지노선이다. 1.5도 혹은 그 이상의 온도 상승은 지구 위 생명체와 생태계 시스템에 치명적인 결과를 끼치는 지점이자 임계치로 2015년 파리에서 개최된 유엔기후변화협약 당사국 총회(COP21)에서 본격적으로 논의되기 시작하였다.

　지구 평균온도가 1.5도보다 더 높이 상승한다면 어떤 일이 일어날까? IPCC는 지구온난화가 지속될수록 극한 기후현상의 빈도와 강도는 더욱 증가한다고 예측한다. 예를 들면 평균 50년에 한 번 발생하는 육지의 극한 고온 발생 빈도가 지구 평균온도가 1.5도로 상승한다면 산업화 이전보다 8.6배, 2도 상승했을 때는 13.9배, 4도 상승했을 때는 39.2배로 증가한다고 전망하였다.

　또한, 과거에 배출된 온실가스로 지구의 해양 생태계와 빙상, 해수면의 변화가 초래된다면 이를 되돌리는 데 수백, 수천 년의 세월과 노력이 필요하다고 지적하였다. 추가적인 노력이 없다면 앞으로 극지방의 빙하는 수백 년 동안 지속적으로 녹을 것인데 영구 동토층이 녹아서 발생하는 탄소배출은 대기중에 온실가스를 증가시키고 다시 기후변화에 영향을 미치는 악순환이 반복될 것이다.

**기온 상승 영향비교**

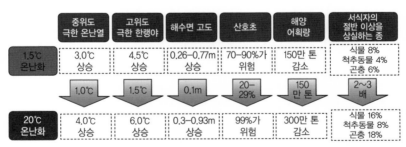

| | 중위도 극한 온난열 | 고위도 극한 한랭야 | 해수면 고도 | 산호초 | 해양 어획량 | 서식지의 절반 이상을 상실하는 종 |
|---|---|---|---|---|---|---|
| 1.5℃ 온난화 | 3.0℃ 상승 | 4.5℃ 상승 | 0.26–0.77m 상승 | 70~90%가 위험 | 150만 톤 감소 | 식물 8% 척추동물 4% 곤충 6% |
| | 1.0℃ | 1.5℃ | 0.1m | 20–29% | 150 만 톤 | 2~3 배 |
| 20℃ 온난화 | 4.0℃ 상승 | 6.0℃ 상승 | 0.3–0.93m 상승 | 99%가 위험 | 300만 톤 감소 | 식물 16% 척추동물 8% 곤충 18% |

출처 : IPCC 지구온난화 1.5도 특별 보고서

# 기후변화에 대한 국제사회 대응

산업화 이전과 비교하여 현재 지구 평균온도는 약 1.1도 상승하였다. 지구의 평균온도 상승이 자연적 원인보다는 인간활동이 원인이라는 사실은 이제 명확해졌다. 그 결과 인류는 다양한 형태의 기후변화를 겪고 있다. 올해 인도를 비롯한 서남아시아에서는 3, 4월 기온이 치솟으며 봄은 사라지고 50도에 육박하는 기록적인 폭염과 함께 여름이 일찍 찾아왔다. 일반적인 계절의 변화가 아니라 기후시스템의 구성요소에 변동이 생긴 극한 기상이변의 한 단면이다.

이제 인류는 자신이 초래한 기후변화가 다시 인간과 자연에 심각하게 영향을 미치는 기후변화 역설을 맞이하게 될 것이다. 이러한 심각성을 고려해서 국제사회는 기후변화에 대응하고 전 세계적 해결방안 마련을 위해 논의를 이어가고 있다.

## 유엔기후변화협약(UNFCCC)

유엔기후변화협약(United Nations Framework Convention on Climate Change)은 '기후변화에 관한 국제연합 기본협약'의 약칭으로 지구온난화가 자연생태계와 인류에게 부정적 영향을 미치는 것을 인식하며 현재와 미래의 세대를 위하여 기후체계를 보호할 목적으로 제정된 국제사회의 협약이다.

기후변화가 대기중 이산화탄소 농도 증가에 따른 과학적 근거들이 증가함에 따라 국제사회의 공동 대처 노력이 필요하다는 공감대가 형성되었다. 그 결과, 1992년 6월 브라질 리우데자네이루에서 유엔환경 개발회의(UNCED, United Nations Conference on Environment and Development)가 개최되었는데 전 세계 185개국 대표단과 114개국 정상 및 정부 수반 이 참석하여 지구 환경문제를 논의하였다. 여기에서 채택된 유엔기후 변화협약은 향후 교토의정서, 파리협약과 같은 기후변화 대응을 위한 국제 합의의 기초가 되었다. 우리나라의 경우 1993년 11월 제165회 정기국회에서 비준동의를 얻어 그해 12월 전 세계에서 47번째로 가입 하였고 2021년 기준 비준국가는 총 197개국이른다.

유엔기후변화협약은 지구의 기후체계가 인위적 요인에 의해 영향을 받지 않고 대기중 온실가스 농도를 안정화시키기 위하여 선진국과 개 도국이 각자의 능력에 맞게 온실가스 감축의무를 이행하는 국제협약 이다. 최고 의사결정 기구로서 당사국총회(COP, Conference of the Parties) 를 두고 있으며 협약의 이행을 전반적으로 점검하기 위해 1년에 한 번 당사국을 선정해 총회를 개최한다. 기후변화협약 운영조직으로서 협약이행과 관련된 문제를 다루는 이행부속기구(SBI, Subsidiary Body for Implementation)와 과학적 · 기술적 자문을 담당하는 과학기술자문부속기 구(SBSTA, Subsidiary Body for Scientific and Technological Advice)를 두고 있으 며 IPCC도 함께 참여하고 있다.


### 교토의정서(Kyoto Protocol)

유엔기후변화협약(UNFCCC)이 1992년 채택되었으나 각 국에 대한 권 고적 성격의 온실가스 감축의무만으로는 기후변화에 대응하기가 적절치 않다는 것을 국제사회는 인식하였다. 이에 따라 기후변화협약의 구체적 이행과 법적 구속력을 확보하기 위하여 1997년 일본 교토에서 개최된 기후변화협약 제3차 당사국총회(COP3)에서 교토의정서를 채택하였다. 교토의정서 채택 의의는 무엇보다도 선진국에게 강제성 있는 온실가스 감축목표를 설정하였으며 감축대상 온실가스로 이산화탄소($CO_2$), 메탄($CH_4$), 아산화질소($N_2O$), 수소불화탄소(HFCs), 과불화탄소(PFCs), 육불화황($SF_6$)을 명시하였다는 데 특징이 있다.

또한, 선진국들이 자국에서 온실가스 감축의무를 이행하는데 한계가 있음을 감안하여 시장원리에 입각한 새로운 온실가스 감축수단으로 이른바 교토 메커니즘(Kyoto Mechanism)이라고 불리는 배출권거래제 (Emission Trading)[2], 공동이행제도(Joint Implementation)[3], 청정개발체제(Clean Development Mechanism)[4] 가 도입되었다.

우리나라의 경우 기후변화 협약상 개발도상국으로 분류되어 감축과 관련된 법적의무를 부담하고 있지 않으나 의정서 당사국의 공통 의무인 온실가스 국가통계 목록 작성, 기후변화 완화조치 및 적응조치 수립, 과학적 연구협력 등과 같은 사항은 이행하여야 한다.

## 파리협정(Paris Agreement)

유엔기후변화협약의 하부조약인 교토의정서에서는 선진국을 대상으로 감축의무를 부과했으나 중국, 인도처럼 다배출 국가는 개발도상국으로 분류되어 감축의무가 없었다. 이뿐만 아니라 미국, 캐나다 등 일부 선진국이 불참하고 감축의무 대상국가도 40여 개국에 불과하여 전 지구적인 온실가스 감축을 달성하기에는 한계가 있었다.

이에 따라 2015년 제21차 당사국총회(COP21, 파리)에서 유엔기후변화협약 가입 197개국 중 193개국이 참여하여 '스스로 결정한 온실가스 감축목표[5]'를 5년 단위로 제출하고 이행여부를 점검하는 파리협정이 채택되었다.

이로써 선진국 등 일부 국가에만 감축의무를 부여했던 교토의정서 체제를 넘어 2020년 이후에는 모든 국가가 감축의무를 부담하는 '신(新)기후체제'가 등장하였다.

'신(新)기후체제'로 불리는 파리협정에서는 2100년까지 지구 평균온도 상승을 산업화 이전 대비 2도보다 상당히 낮은(Well Below) 수준으로 유지하고 더 나아가 1.5도로 제한하기 위한 노력을 추구하기로 합의하였다.

이러한 장기 온도 목표 달성을 위해 당사국은 전 지구적 온실가스 배출량의 정점을 조속히 달성하고 그 이후에는 빠른 시일 내에 감축을 추진해야 한다고 명시하였다.

• 교토의정서와 파리협정 차이점

| 교토의정서 | 구분 | 파리협정 |
|---|---|---|
| 대기중 온실가스 농도 안정화 | 목표 | 산업화 이전 대비 지구 평균온도 2도보다 상당히 낮은 수준 및 1.5도 상승억제 목표 |
| 감축목표 할당(Top-down) | 목표설정 방식 | 스스로 감축목표 설정(Bottom-up) |
| 온실가스 감축에 초점 | 범위 | 감축, 적응, 이행수단 포괄 |
| 공약기간의 종료시점 명시 | 지속가능성 | 종료시점 미규정 |

출처 : 환경부 파리협정 함께 보기

파리협정의 특징 중 하나는 '국가결정기여(NDC, Nationally Determined Contribution)'로 당사국이 스스로 결정하여 국가 온실가스 감축목표를 수립하는 것이다.

이에 따라 당사국들은 2030년까지 온실가스 감축목표를 자율적으로 정하고 있는데, 우리나라의 경우 2030년까지 2018년 배출량[6] 대비 40%를 감축하는 것으로 목표를 설정하였다.

한편, 모든 당사국들이 자국의 감축목표를 달성한다고 해도 이번 세기 말에는 파리협정 목표인 2도보다 낮은 온도를 유지하기 어렵다는 우려가 있다. 보다 의욕적인 감축 노력이 필요한 이유인데 파리협정 제6조에서는 국가 간 온실가스 감축협력을 활용하여 당사국들이 자발적으로 감축목표를 달성할 수 있도록 하였다. 즉, 협력적 접근법(Cooperative Approached)[7], 지속가능한 발전 메커니즘(Sustainable Development Mechanism)[8], 그리고 비시장 접근법(Non-market Approaches)[9]이 있으며, 이에 대한 세부 이행규칙(Rule Book)은 각국 정부 및 민간부문

• 국제조약 중 협약, 의정서, 협정의 차이

| 국제조약의 유형 | 내용 | 비고 |
|---|---|---|
| 협약 (Convention) | 특정분야 또는 기술적인 사항에 관한 입법적 성격의 합의에 사용, 국제기구의 주관으로 개최된 국제회의에서 체결되는 조약에 사용 | 빈협약, 유엔기후변화협약 |
| 의정서(Protocol) | 기본적 문서에 대한 개정이나 보충적 성격을 띄는 조약에 사용, 최근에는 전문적 성격의 다자 조약에 사용 | 몬트리올의정서, 교토의정서 |
| 협정(Agreement) | 정치적 요소가 포함되지 않은 전문적·기술적 주제를 다루며 조정하기가 어렵지 않은 사안에 대한 합의에 사용 | 투자보장협정, 파리협정 |

출처 : 외교부 홈페이지

참여자들의 노력으로 2021년 영국 글래스고(Glasgow)에서 개최된 제26차 당사국총회(COP26)에서 비로소 마련되었다.

## 탄소중립과 넷제로

지구온난화를 막기 위한 전 지구적 노력으로 2015년 파리협정이 체결된 이래, 각 나라들은 온실가스 감축목표를 스스로 설정하고 자국에 맞는 대처방안을 수립하여 실천하고 있다. 파리협정에서는 2100년까지 지구 평균온도 상승폭을 2도 이내로 제한하고자 금세기 하반기에 '탄소배출과 흡수가 균형을 달성(탄소중립)'해야 된다고 언급하였다. 또한 최근에 많은 기업들이 ESG경영을 추진하는 과정에서 기후변화 대응을 위해 '넷제로(Net Zero)'를 선언하고 있으며, 특히 최근 기상 이상현상으로 기후변화가 주요 이슈로 떠오르면서 '탄소중립'과 '넷제로'가 비슷한 의미로 해석하며 사용 되고 있다.

정부 탄소중립녹색성장위원회에서도 탄소중립은 대기중 이산화탄소 농도 증가를 막기 위해 인간 활동에 의한 배출량은 최대한 감소시키고 흡수량은 증대하여 순배출량이 '0'이 된 상태이며, 인간활동으로 배출하는 온실가스(+요인)는 최대한 줄이고, 배출되는 온실가스는 산림이나 CCUS[10]로 제거(-요인)하여 실질적인 배출량을 '0' 수준으로 낮추는 것을 탄소중립(Net Zero)이라고 정의하였다. 탄소중립과 넷제로를 같은 개념으로 보고 있다.

엄밀히 말해 일각에서는 감축 대상인 온실가스 종류에 따라 탄소중립과 넷제로는 차이가 있다고 이야기한다. 탄소중립은 여러 온실가스 중 이산화탄소를 배출량만큼 흡수하여 실질적 배출량이 '0'이 되는 활동을 말하는 반면에, 넷제로는 이산화탄소, 메탄, 이산화질소 등 모든 온실가스의 실질적 배출량을 '0'으로 만드는 것이다. 넷제로를 탄소중립보다 넓은 의미로 볼 수 있으나 이산화탄소가 전체 온실가스 배출량의 80% 이상을 차지하고 지구 온난화 기여도가 50% 이상으로 다른 온실가스 대비 큰 영향을 미치고 있기 때문에 같이 사용해도 무리가 없을 것이다.

## 넷제로 달성 연도

2019년 기준 전 세계 온실가스 배출량은 343억 톤이다.[11] 각 나라별로 강화된 온실가스 감축 국가목표를 제시하고 있음에도 코로나 이후 전 세계 생산활동이 회복되어 우리나라를 비롯한 각 국의 온실가스 배출량 증가는 불가피할 것이나 러시아가 우크라이나를 침공하면서 에너지 무기화를 시도하여 유럽의 각국이 풍력과 태양광 등 재생에너지 전환을 서둘러 준비하는 등 화석 에너지 의존도를 낮추어 가는 긍정적인 시그널도 있다.

IPCC는 1.5도 지구온난화 제한 목표를 달성하기 위해서는 전 세계 온실가스 순 배출량을 2030년도까지 2019년 대비 43%로 감축해야 하며, 2050년에는 넷제로를 달성해야 한다고 강력하게 권고하였다.

영국 글래스고에서 제26차 기후변화 당사국총회(COP26)가 개최되기 직전인 2021년 11월까지 탄소중립을 선언한 국가는 모두 135개국이었다. 이 국가들의 온실가스 배출량 합계는 세계 총 배출량의 88%에 해당되며, 세계 GDP의 90%, 세계 총 인구의 85%를 차지하고 있다.[12] 특히, 2018년 기준 상위 17개국이 세계 온실가스 배출량의 76%를 차지하고 있으며 주요국의 세계 배출량 비중은 중국 26.1%, 미국 12.7%, EU 7.5%, 러시아 5.4%, 일본 2.5% 순이다.[13] 넷제로에 대한 실천의지는 국가별로 차이가 있는데 감축목표를 법제화한 국가가 있는 반면에 이란, 멕시코처럼 넷제로 목표 연도를 설정하지 않은 국가도 있다.

우리나라도 온실가스 감축을 위한 글로벌 목표 달성을 위해 2020년

• 주요 국가별 넷제로 달성 연도

| 국가 | 달성 연도 | 국가 | 달성 연도 |
|---|---|---|---|
| 핀란드 | 2035년 | 한국 | 2050년 |
| 오스트리아 | 2040년 | 캐나다 | 2050년 |
| 독일 | 2045년 | 호주 | 2050년 |
| 포르투갈 | 2045년 | 남아공 | 2050년 |
| 스웨덴 | 2045년 | 영국 | 2050년 |
| 미국 | 2050년 | 중국 | 2060년 |
| EU | 2050년 | 러시아 | 2060년 |
| 일본 | 2050년 | 인도 | 2070년 |

출처 : Net Zero Tracker, 2021

10월 '2050 탄소중립'을 선언하였다. 그해 12월 '2050 탄소중립 비전'을 발표하고 정부 조직 내 탄소중립 추진체계로 대통령 직속 민관합동 탄소중립위원회를 설치하여 탄소중립에 대한 확고한 의지를 밝혔다. 이후 기후위기의 심각성과 국제사회 구성원으로서 우리나라의 위상과 역할 등을 종합적으로 고려하여 2030년 NDC감축목표를 2018년 배출량 대비 기존 26.3%에서 40%로 상향 발표하였다.

---

**1** 지구온난화의 원인이 되는 대기중 가스형태의 물질로 지표면에서 반사되는 복사에너지를 흡수해 지구온도를 높인다.

**2** 온실가스 감축의무가 있는 국가에 배출쿼터를 부여한 후, 동 국가 간 배출쿼터 거래를 허용하는 제도

**3** 선진국 A가 선진국 B에 투자하여 발생된 온실가스 감축분의 일정분을 A국의 배출감소 실적으로 인정하는 제도

**4** 선진국이 개발도상국에 투자하여 발생된 온실가스 감축분을 자국의 감축실적에 반영할 수 있는 제도

**5** 국가결정기여(NDC, Nationally Determined Contribution)라고도 함.

**6** 2018년이 우리나라 온실가스 배출의 정점(727.6백만 톤)이었음.

**7** 당사국들이 자발적으로 양자, 다자협력 체계를 활용하여 발생한 국제적으로 이전된 감축 결과(ITMO, International Transferred Mitigation Outcome)를 NDC 달성에 사용할 수 있도록 한 접근방식

**8** 교토의정서하에서 운영 중인 청정개발체제(CDM, Clean Development Mechanism)와 유사한 형태

**9** 국제적으로 이전되는 온실가스 감축 결과물(ITMO)을 동반하지 않는 협력방식

**10** CCUS는 Carbon Capture, Utilization, Storage의 약자로 이산화탄소를 포집하고 저장하며 활용하는 기술을 말한다.

**11** Climate Watch, 2020, GREEN HOUSE GAS Emission

**12** Net Zero Tracker, 2021

**13** 세계 탄소중립 시나리오와 주요국 탄소중립 목표수립 동향. 박년배. 한국에너지기술연구원

# 03 환경경영(E)_ 국내 배출권거래제

　배출권거래제[1]는 시장기능을 활용하여 효과적으로 온실가스 감축목표를 달성하는 제도이다. 교토의정서 제17조에 규정되어 있는 '교토 메커니즘' 중 하나로 우리나라도 국가온실가스 감축목표를 달성하기 위해 도입하였다.

　'온실가스 배출권의 할당 및 거래에 관한 법률'에 따라 정부는 온실가스 배출 사업장을 대상으로 연단위 배출권을 할당하여[2] 할당범위 내에서 배출행위를 할 수 있도록 하고, 할당된 사업장의 실질적 온실가스 배출량을 평가하여 여분 또는 부족한 배출권에 대해서는 사업장 간 거래를 허용하는 제도다.

　우리나라 배출권거래제는 2015년 1월 1일부터 시행 됐으며 현재 3차 계획기간[3](2021~2025년)이 운영 중이다.

• 배출권거래제 계획기간 운영

| 구분 | 1기('15~'17년) | 2기('18~'20년) | 3기('21~'25년) |
|---|---|---|---|
| 운영 목표 | 경험축적 및 거래제 안착 | 상당 수준의 온실가스 감축 | 적극적인 온실가스 감축 |
| 할당 특징 | 전량 무상할당 | 무상할당 97%, 유상할당 3%[4] | 무상할당 90%, 유상할당 10% |

출처 : 국가온실가스 종합관리시스템 홈페이지

배출권거래제를 활용하면, 정부가 할당한 배출권보다 실제 배출량이 적은 사업장의 경우 잉여 배출권(배출권할당량 – 온실가스 배출량)을 배출권 거래 시장에서 판매할 수 있다. 반면에 정부가 할당한 배출권 대비 많이 배출한 사업장의 경우 배출권 거래시장에서 배출권을 살 수 있어 비용절감이 가능하다.

각 사업장이 처한 상황에 따라 배출권 판매 또는 배출권 매입을 자율적으로 결정하여 온실가스 배출 허용량을 준수할 수 있다.

• 온실가스 배출권거래제 설명

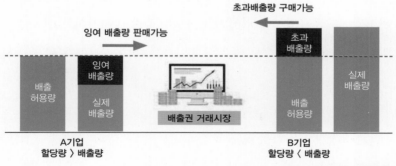

(출처 : 한국에너지공단 홈페이지)

배출권거래제 할당대상 업체는 기준배출량(계획기간 시작년도 직전 4개년~직전 2개년의 연평균 온실가스 배출량)이 12만5,000톤 이상 업체 또는 2만5,000톤 이상 사업장을 하나 이상 보유한 업체로 2022년 5월 고시기준으로 총 711개 업체가 참여하고 있다. 규제대상 물질은 이산화탄소($CO_2$), 메탄($CH_4$), 아산화질소($N_2O$), 수소불화탄소($HFCS$), 과불화탄소($PFCS$), 육불화황($SF_6$) 등 6가지 항목이며, 반도체 세척에 쓰이는 삼불화질소($NP_3$)는 국내 규제대상에서 제외되어 있다.

## 배출권거래제 주요 일정

'온실가스 배출권의 할당 및 거래에 관한 법률' 및 '온실가스 배출권의 배출량 보고 및 인증에 관한 지침'에 따라 계획기간 내 매 이행 연도의 온실가스 배출량 확정은 할당대상 업체가 작성한 배출량 명세서와 외부 전문기관이 검증한 보고서를 주무관청(환경부)에서 검토하여 그 결과를 해당 업체에 통보함으로써 확정된다.

이러한 일련의 과정을 '온실가스 배출량 적합성 평가 및 인증'이라고 부르는데, 만약 할당대상 업체가 계획기간 중에 예상치 못한 신설과 증설이 발생하여 배출량이 증가한 경우 추가할당 신청을 통해 정부로부터 배출권을 추가로 받을 수 있다.

환경부 장관은 적합성 평가 결과에 대한 인증위원회 심의를 통해 인증량을 확정하고 해당 결과를 할당대상 업체에 매년 5월 31일까지 통

• 배출권거래제 주요 업무별 연간 일정

| 구분 | 적합성 평가 및 인증 | 배출량 산정계획서 | 배출권 관리 |
|---|---|---|---|
| 1월 | – | 직전 연도 배출량 산정 계획서 추가검토 및 확정 | – |
| 3월 | 온실가스 배출량 명세서 접수 | – | 추가할당 신청서 접수 |
| 4월 | 명세서 검토 및 적합성 평가 | – | – |
| 5월 | 적합성 평가 결과 및 인증량 통보 | – | 추가할당 결과통보 |
| 6월 | 배출량 인증 이의신청 | – | 이월/차입 신청 및 승인 배출권 제출 |
| 7월 | 이의신청 검토 및 결과 통보 | – | – |
| 10월 | – | 당해 연도 배출권 산정 계획서 제출 | – |

출처 : 한국에너지공단 배출권거래제 소개

보한다. 일단 인증량을 통보받으면 이행연도 종료일부터 6개월 이내 (매년 6월.말) 배출권을 제출해야 한다.

배출권 제출 시 배출량(최종 인증량)과 보유하고 있는 배출권 수량(배출권 할당량)을 비교하고 과부족량 발생시 차년도 배출권 할당량에서 차입하거나 배출권거래시장에서 배출권을 구매하여 정부에 제출하면 된다. 반대로 잉여 배출권이 발생하는 경우 차년도로 이월시키거나 배출권거래시장에서 배출권을 판매할 수 있다.

## 탄소배출권의 종류

탄소배출권은 온실가스를 배출할 수 있는 권리이며 경제적 가치를 보유하고 있어 배출권 거래시장에서 팔거나 살 수 있다. 여기서 '탄소배출권'은 할당량(allowance) 및 크레딧(credit)을 포괄하는 개념으로 할당량은 국가가 온실가스 배출원(여기서는 할당업체)에게 지급된 온실가스 배출권리를 의미하며 크레딧은 외부 온실가스 감축 프로젝트와 관련이 있는데 해당 프로젝트가 미실행되었을 경우 발생했을 온실가스 배출량 전망치 대비 감축된 배출량을 정부가 공식적으로 인정하고 프로젝트에 지급한 배출권을 의미한다.[5]

## 국내 탄소배출권[6]

우리나라 배출권시장에서 거래가 이루어지는 배출권과 인증실적은 세가지 종류로 KAU, KCU, KOC가 있다. KAU(Korean Allowance Unit)는 배출권거래제에 참여하는 할당대상 업체에 국가가 부여하는 온실가스 배출권으로 일반적으로 할당 배출권이라고도 부르며, 배출권 부족 시 타 업체가 보유하고 있는 여분의 할당받은 배출권을 구매할 수도 있다. KAU21처럼 KAU 뒤에 표시된 숫자는 와인의 빈티지처럼 이행 연도를 의미하며 KAU 1 단위는 1톤의 이산화탄소환산톤($tCO_2e$)에 해당한다.

KCU(Korean Credit Unit)란 상쇄배출권으로 '온실가스 배출권의 할당 및 거래에 관한 법률' 제29조에 따라 외부사업 인증 실적에서 전환된 배출권이다. 이때 외부사업이란 배출권거래제 할당대상 업체가 조직 경계 외부의 배출시설 또는 배출활동 등에서 국제적 기준에 부합하는 방식으로 온실가스를 감축, 흡수 또는 제거하는 사업이다. 외부사업

을 통해 발행받은 인증실적을 KCU로 전환하여 배출권거래제에서 상쇄 또는 거래를 할 수 있다.[7]

또 다른 배출권의 종류인 KOC(Korean Offset Credit)는 '온실가스 배출권의 할당 및 거래에 관한 법률' 제30조에 따른 외부사업 인증실적으로 외부사업을 통해 발행된 온실가스 감축 크레딧을 지칭한다. 배출권 제출의무가 있는 할당대상 업체와 배출권 제출의무가 없는 외부사업자도 사업장 밖에서 국제적 기준에 의거하여 정부로부터 인증실적을 받을 수 있다.

외부사업 인증실적(KOC)은 배출권거래시장이나 계약을 통해서 거래 가능하며 할당대상 업체가 이를 구매하여 상쇄배출권(KCU)으로 전환하여 사용 할 수 있다. KOC는 KCU와 일대일(1 KOC = 1 KCU) 비율을 가지나 전환신청 과정에 주무관청의 승인이 필요하고 이행기간별 배출권 제출량 중 5% 이내에서 KCU로 제출이 가능한 점, 사용기간에 제한이 있다는 점 등의 제약이 따른다.

## CDM사업 배출권

교토의정서에는 온실가스를 효과적이고도 경제적으로 줄이기 위하여 공동이행제도(JI), 청정개발체제(CDM), 배출권거래제도(ET)와 같은 방안을 도입하였는데, 여기서 CDM의 경우 온실가스 감축의무가 있는 선진국이 개발도상국에 투자하여 발생된 온실가스 감소량을 선진국의 감축실적으로 인정하는 제도이다.

CDM 사업으로 감축되는 온실가스 배출량을 CDM 집행위원회에서 공식적으로 인증을 받은 후 온실가스 감축량만큼 탄소배출권(CER, Certified Emission Reduction)으로 발급받고 국내에서 KOC로 전환하여 사용할 수 있다.

---

**1** 국가온실가스 종합관리시스템 홈페이지 참조

**2** 현재 제도 운영은 5년 단위로 온실가스 배출업체에 배출권을 할당하고 그 이행실적을 관리한다.

**3** 국가온실가스 감축목표를 달성하기 위하여 5년 단위로 온실가스 배출업체에 배출권을 할당하고 그 이행실적을 관리하기 위해 설정되는 기간을 말한다.

**4** 온실가스 배출권을 전량 무상으로 받는 업종과 유상으로 구매해야 하는 업종이 구분되어 있다.

**5** 탄소배출권과 탄소시장. 안승광. ㈜에코프론티어

**6** 한국 탄소배출권시장 가격결정체계의 학습효과 연구. 손동희 · 전용일. 자원환경경제연구 제27권 제4호

**7** 한국해양교통공단 홈페이지. 온실가스 감축사업

## ■ 온실가스 · 에너지목표관리제

에너지 다소비 업체(연간 에너지 사용량 2,000toe 이상)의 연간 에너지 사용량과 한국에너지공단의 사전조사 자료를 바탕으로 산업부문별 관장기관은 일정수준 이상의 온실가스를 배출하고 에너지를 소비하는 업체를 '관리업체'로 지정한다. 이 제도를 '온실가스 · 에너지 목표관리제'라고 하며 2022년 6월 말 기준 온실가스 목표관리 대상 기업은 총 360개이다.

회사가 이미 목표관리제 업체이며 매년 온실가스 배출량이 지속적으로 증가하고 있다면 배출권거래제 할당대상 업체 지정을 염두에 두어야 한다. 배출권거래제 할당대상업체 지정은 주무관청(환경부)에서 매 계획기간 시작 5개월(7월) 전까지 온실가스 배출업체 중 법률에 따라 대상 업체를 지정하고 환경부 홈페이지 내 사전정보공표를 통해 고시한다.

목표관리제와 배출권거래제는 온실가스 감축목표를 설정하고 관리한다는 점에서 같다. 하지만 1년 단위로 온실가스 배출량 목표를 정하고 배출권을 무상으로 할당하는 목표관리제와 달리 배출권거래제는 이행실적을 관리하는 계획기간이 통상 5년이며 배출권 일부가 유상인 점이 다르다. 또한 목표관리제의 페널티는 개선명령과 과태료 처분인 반면에 배출권거래제에서는 할당대상 업체가 제출한 배출권이 실제 배출량보다 적은 경우 그 부족분에 대해서 배출권 평균 시장가격 3배 이하의 과징금을 부과한다는 점에서 차이가 있다.

## ■ SKT-GHG 인벤토리 시스템

환경부(온실가스종합정보센터)는 매년 국가 온실가스 인벤토리(Inventory)를 정확하게 산정하기 위하여 산업부문별 관장기관으로부터 국내 온실가스의 배출량과 흡수량에 대한 정보를 취합하여 공표하고 있다. 여기서 '인벤토리'라 함은 온실가스 통계를 의미하는데 온실가스 배출원과 배출량을 체계적으로 구성한 목록 또는 리스트를 뜻한다.

회사도 마찬가지이다. 사업장 내부에서 에너지 사용량과 데이터를 수집하고 온실가스가 어디에서 얼마만큼 발생하는지 파악할 수 있는 사내 온실가스 인벤토리 시스템이 필요하다. SK텔레콤은 전국의 사옥과 통신장비에서 발생하는 온실가스 배출량을 자동으로 산정하기 위하여 2019년부터 온실가스 인벤토리 시스템(SKT-GHG, SKT-Green House Gas)을 구축하여 업무에 적극 활용하고 있다.

SKT-GHG는 사내 ERP와 FMS(Facility Management System) 시스템으로부터 배출원별 시설정보, 장비정보, 지역정보, 전기료, 전력량 등 데이터를 인터페이스 받아 온실가스 배출시설별로 배출량을 산정하여 전체 배출량을 관리한다. 더불어 배출량 산정에 직접 필요한 기본정보 외에도 이행 연도별 배출권 관리, 중장기 배출량 추정, 배출량 목표 및 실적관리, KRX 가격전망, 배출시설별 증빙자료(시험성적서, 검사실험증명서 등) 등도 함께 관리하고 있다.

## ■ 탄소배출권 거래 시장

탄소배출권이 거래되는 시장은 정부 주도의 규제시장(Compliance Carbon Market)과 민간이 주도하는 자발적 탄소시장(Voluntary Carbon Market)으로 나눌 수 있다. 규제시장은 국내 탄소배출권(KAU, KCU 등)처럼 감축의무가 부여된 업체가 배출허용 총량 한도 내에서 배출권을 거래하는 시장으로, 국가 단위로는 한국 ETS(Emission Trading Scheme)나 EU-ETS 시장이 있으며, 지역 단위로는 캘리포니아 ETS가 대표적이다. 교토의정서에 기반한 CDM과 JI의 프로젝트, 국제항공 탄소 배출량 규제에 따른 CORSIA(Carbon Offsetting and Reduction Scheme for International Aviation)도 규제시장에 속한다.

여기에 반해 민간 주도의 자발적 탄소시장은 온실가스 감축활동을 자율적으로 수행하는 모든 기업이 참여하여 탄소 크레딧(Credit)을 거래하는 시장이다. 그래서 법적 규제와는 무관하다. 중소기업벤처기업연구원이 펴낸 보고서(2022년 9월)에 따르면 자발적 탄소시장은 2017년부터 가파른 성장세를 보이고 있으며 2020년부터 2030년까지 약 15배 증가할 것이라고 예측하였다. 글로벌 탄소중립 목표 달성을 위해 규제시장과는 별도로 비용 효율적인 자발적 탄소시장의 역할이 점점 중요해지고 있다. 최근 월트디즈니, 넷플릭스 등 글로벌 기업에서도 자발적 탄소시장에서 탄소 크레딧을 구매하여 자사 넷제로 달성에 적극 활용하고 있다.

### • 해외 주요 자발적 탄소시장 현황

(2021년 기준)

| 구분 | VCS(미국) Verified Carbon Standard | ACR(미국) American Carbon Registry | CAR(미국) Climate Action Reserve | GS(스위스) Gold Standard |
|---|---|---|---|---|
| 운영기관 | Verra | WI | CAR | WWF, 기타 NGO |
| 시작 연도 | 2007 | 1996 | 2001 | 2003 |
| 사업범위 | 아시아, 북미 등 | 미국 | 미국, 멕시코 | 전 세계 |
| 사업현황 | 6억 톤 | 1.7억 톤 | 1.6억 톤 | 1.7억 톤 |
| 톤당 가격 | 1.62달러 | 5.38달러 | 2.34달러 | 5.27달러 |

# 04 환경경영(E)_ 넷제로 활동

2021년 6월 말 SK텔레콤은 SK그룹사와 함께 글로벌 탄소
중립 목표인 '2050 넷제로(Net Zero) 달성'을 선언했다. 국내기업 최초의
사례이며 이동통신 업종에서도 처음이다. 앞서 2019년 2월 말 스페인
바르셀로나에서 개최된 MWC(Mobile World Congress)에서 글로벌 통신사
업자들과 함께 SBTi(Science Based Target Initiative) 가입 선언을 하였고 회
사 내부적으로도 넷제로 이행을 위해 온실가스 감축목표 및 이행경로
를 개발해 왔다. 이제 넷제로는 기후변화 대응을 위한 환경경영의 목
표이자 ESG경영의 핵심 과제가 될 것이다.

기업경영 측면에서 넷제로는 경영활동 과정에서 발생되는 온실가스
배출량을 감축하거나 외부 감축사업으로 상쇄하여 결과적으로 배출
량과 감축 및 흡수량이 균형을 이루는 상태를 말한다. 일반적으로 회
사가 지속적으로 성장할수록 온실가스 배출량도 그에 비례하여 늘어

날 수밖에 없다. 넷제로를 차질 없이 달성하기 위해서는 적극적인 온실가스 감축방법이 필요한데 기술개발과 혁신을 통해 온실가스 다(多) 배출 구조의 프로세스를 개선하거나 되도록 재생에너지 사용 비중을 늘려 온실가스가 배출되지 않도록 해야 한다.

## SK텔레콤 환경전략

SK텔레콤은 3대 그린(Green) 전략을 수립하고 세부 실행방안을 구체화하여 2050년까지 넷제로를 차질 없이 달성할 예정이다. 3대 그린 전략은 첫째, 에너지 절감 신기술을 개발하여 에너지 사용을 줄이는 그린 오퍼레이션(Green Operation) 둘째, 회사가 사용하는 전력의 100%를 재생에너지로 대체하는 그린 에너지(Green Energy) 전략, 셋째, 조림이나 쿡스토브 사업을 통해 산림을 보호하고 온실가스 배출량을 흡수하는 그린 포레스트(Green Forest) 전략이다.

### 그린 오퍼레이션(Green Operation)

그린 오퍼레이션(Green Operation) 전략은 에너지 절감기술을 개발하여 전력 사용량을 줄이는 직접 온실가스 감축방법이다. 대표적인 사례로 싱글랜(Single RAN)을 들 수 있다. 싱글랜은 기존 3G 및 4G 서비스 제공을 위해 각각의 통신장비를 별도 운영하는 방식에서, 하나의 통합된 통신장비로 3G와 4G 서비스를 동시에 제공하여 전력사용을 줄이는 방법이다. 전력사용량 감소를 통해 전기요금 절감뿐만 아니라 온실가스 배출량도 줄어드는 효과가 발생한다.

2022년 기준 연간 3만 톤의 온실가스 배출 감소가 예상되는 감축방법으로 환경부로부터 통신기술과 장비분야에서 국내최초로 온실가스 내부감축사업으로 인정을 받았다는 점에 의미가 남다르다. 앞으로 싱글랜을 통해 감소된 탄소배출량은 향후 4차 계획기간의 온실가스 배출권 할당 시점에 배출권 추가 확보가 가능하며, 이 기술은 현재 전국의 기지국을 대상으로 적용되고 있다.

### 그린 에너지(Green Energy)

그린 에너지(Green Energy) 전략은 회사가 사용하는 전력의 100%를 재생에너지로 전환하는 것이다. 재생에너지 시장상황과 정부정책 지원을 고려하여 단계적으로 재생에너지 사용비율을 늘려 나갈 예정인데, 2030년까지 사용전력의 60% 이상, 2050년엔 100% 재생에너지 사용을 목표로 하고 있다. 2021년부터 재생에너지 조달을 위해 한국전력과 녹색프리미엄 계약을 체결하였고, 2022년에는 약 120GWh의 재생에너지를 사용할 계획이다. 녹색프리미엄은 한국전력에 추가요금(프리미엄)을 납부하면 기업이 재생에너지 전력을 사용하고 있음을 정부가 인정해주는 제도로 기업이 납부한 프리미엄 재원은 한국에너지공단에 출연되어 재생에너지 보급과 확산에 사용된다.

또한 전국의 기지국, 통합국사, 사옥의 유휴부지를 확보하여 자가발전 설비인 태양광 설치도 확대하고 있다. 이미 2021년에 전국 63개 국소에 태양광 발전시설을 설치하였으며, 2022년 102개 국소에도 추가 설치하여 2023년까지 총 290여 개 이상의 태양광 발전시설로 재생에너지를 직접 생산할 예정이다.

### 그린 포레스트(Green Forest)

SK텔레콤 온실가스 배출량 대부분은 전력사용으로 발생한다. 그린에너지 전략으로 감축이 가능하나 일부 남은 온실가스 배출량은 그린 포레스트(Green Forest) 전략으로 상쇄할 예정이다. 즉, 사옥에서 난방용으로 사용하는 LNG, 자동차 연료, 비행기 항공연료 등은 사업장 밖 외부감축사업을 통해 상쇄할 예정인데 대표적인 외부감축사업으로 조림사업을 들 수 있다.

조림을 통한 외부감축사업은 산불이나 산사태, 또는 무분별한 벌채로 훼손된 산림지역에 다시 숲을 가꾸어 온실가스를 흡수한 실적만큼 배출권을 인정받는 방법이다. 2040년부터 국내 및 해외 산림 훼손지역을 대상으로 조림사업을 추진할 예정이다.


## 온실가스의 구분

교토의정서에서 온실가스를 규제하고 있는 것처럼 우리나라도 배출권거래를 통하여 배출권을 사업장에 할당하여 온실가스를 규제하고 있으나 1990년 온실가스 총 배출량이 세계 25위(238.3억 톤)에서 2019년 기준 세계 14위(652.6억 톤)로 크게 증가하였기 때문에 향후 국제 사회로부터 온실가스 감축압력은 더 강해질 것으로 전망된다.

온실가스는 배출원(Emission Source)의 구분(Scope)에 따라 Scope 1, Scope 2, Scope 3으로 분류한다. 국제적으로 통용되는 GHG(Green House Gas) Protocol에 따르면 Scope 1은 직접 배출원으로 사업장 내에서 사용한 화석연료를 통해 배출되는 온실가스로 차량 연료, 대형건물의 도시가스(LNG) 등이 여기에 해당한다.

Scope 2는 간접 배출원으로 불리며 사업장 밖에서 생산된 전기나 스팀을 구매하여 사업장에서 사용함으로써 배출되는 온실가스다. 실제 온실가스가 배출되는 장소는 전기나 스팀을 생산하는 발전소나 난방공사의 사업장인 점이 Scope 1과 차이가 있다.

Scope 3은 외부 배출원이다. Scope 1과 Scope 2 이외 기타 배출원을 말하는데, 기업의 경영활동 과정과 밸류체인(Value Chain)에서 발생되는 온실가스로 제품이나 서비스를 생산해서 부가가치를 창출하는 모든 과정에서 발생된다. 즉, 기업이 구매하는 부품의 생산 공정에서 발생하는 배출량, 최종 소비자에게 제품이 전달되는 과정에서 발생하

• 온실가스 배출원에 따른 구분

| Scope 1 | Scope 2 | Scope 3 |
|---------|---------|---------|
| 고정연소 | 전력 | 부품구매 |
| 이동연소 | 열(스팀) | 자본재 |
| 탈루 | 수도 | 서비스 |
| 폐기물 처리시설 | | 운송/물류 |
| 비료 사용/동물/산림 | | 통근/출장 |

출처 : 환경부 홈페이지

는 배출량이 여기에 해당되며 임직원의 출퇴근 및 출장 시에 발생되는 배출량도 포함한다.

현재, 우리나라 배출권거래제에서는 Scope 1과 Scope 2의 온실가스 배출량을 관리대상으로 규정하고 있으나 최근 글로벌 기업들은 Scope 3까지 범위를 확장해 협력업체에도 배출량 감축을 요청하고 있다. SK텔레콤은 Scope 1과 Scope 2 온실가스 배출량뿐만 아니라 Scope 3 배출량 산정체계도 구축하여 그 결과를 사업보고서로 공표하고 있고 매년 산출방식의 정확성을 높이고 있다.

## Scope 3 온실가스 관리

앞서 살펴보았듯이 기후위기 대응을 위해 글로벌 기업들은 사업장 안에서 발생하는 Scope 1, Scope 2 온실가스 뿐만아니라 회사 경영활동 과정에서 발생하는 Scope 3 온실가스도 감축목표를 설정하여 관리하고 있다. 특히 과학기반 감축목표 이니셔티브인 SBTi에서는 Scope 3 온실가스도 구체적인 목표 설정과 감축방안 수립을 요구하고 있으며, 글로벌 탄소정보공개프로젝트인 CDP(Carbon Disclosure Project)나 다우존스 지속가능경영지수(DJSI, Dow Jones Sustainability Index) 등 환경정보 글로벌 평가기관에서도 Scope 3 온실가스 정보공개를 지속적으로 권고하고 있다.

## Scope 3 분류와 산정

국제적인 온실가스 분류기준인 GHG Protocol에서는 Scope 3 온실가스를 공급망과 관련된 업스트림(Upstream) 활동 8개 카테고리와 판매망과 관련된 다운스트림(Downstream) 활동 7개 카테고리로 분류하고 있다.

먼저 Scope 3 감축 목표를 수립하기 위해서는 카테고리별로 정확한

• Scope 3 온실가스 배출량 세부 분류

| 카테고리[1] | 이 름 | 설 명 |
|---|---|---|
| 1 | 구매한 제품/서비스 | 구매한 제품/서비스의 추출, 생산, 수송에서 발생하는 배출 |
| 2 | 자본재 | 구매한 자본재의 추출, 생산, 수송에서 발생하는 배출 |
| 3 | 연료 및 에너지 사용 | (Scope 1 및 Scope 2에 속하지 않는) 추출, 생산, 수송과정 중 원료 및 에너지와 관련된 활동에서 발생하는 배출 |
| 4 | 운송/물류 | 회사가 구매한 상품/서비스의 운송/물류에서 발생하는 배출 |
| 5 | 폐기물 | 폐기물의 처리 및 처분에서 발생하는 배출 |
| 6 | 출장 | 직원들의 출장과 관련된 이동에 있어 발생하는 배출 |
| 7 | 통근 | 직원들의 출퇴근과 관련된 이동에 있어 발생하는 배출 |
| 8 | 임차자산 | 회사의 임차자산에서 발생하는 배출 |
| 9 | 운송/물류 | 회사가 판매한 상품/서비스의 운송/물류에서 발생하는 배출 |
| 10 | 상품 가공 | 회사가 판매한 상품이 가공되는 과정에서 발생하는 배출 |
| 11 | 상품 사용 | 회사가 판매한 상품/서비스가 최종 소비과정에서 발생하는 배출 |
| 12 | 상품 폐기 | 회사가 판매한 제품/서비스의 최종 폐기과정에서 발생하는 배출 |
| 13 | 임대자산 | 회사가 다른 업체에 임대해 준 자산에서 발생하는 배출 |
| 14 | 가맹점 | 가맹점을 운영하며 발생하는 배출 |
| 15 | 투자 | 자회사 등 지분투자를 통해서 발생하는 배출 |

출처 : Green House Gas Protocol

배출량 산정이 필요하다. 회사의 사업 특성을 고려하여 연관성이 현저히 떨어지거나 배출량이 소량인 카테고리는 제외할 수도 있다. SK텔레콤은 본연의 사업과 관련성이 떨어지고 배출량이 소량인 카테고리 4번(Upstream 운송/물류), 카테고리 9번(Downstream 운송/물류), 카테고리 10번(상품가공), 카테고리 11번(상품사용), 카테고리 12번(상품폐기), 카테고리 13번(임대자산)은 배출량 산출에서 제외하여 총 9개 카테고리를 관리 대상으로 설정하였다.

Scope 3 온실가스 배출량 계산은 각 카테고리별로 활동자료를 먼저 수집하고, 활동자료에 배출계수를 곱하여 구한다. 여기에서 활동자료는 온실가스를 배출하거나 에너지를 소비하는 일련의 행위로 연료 사용량, 전력 사용량, 폐기물 배출량, 이동거리, 물품 구매액 등을 말한다. 배출계수는 제품이나 서비스를 제공하는 공급업체에서 직접 데이터를 제공받거나 여건상 제공받기가 어려우면 한국환경산업기술원 등 공공기관이 산출한 산업평균 배출계수를 활용하면 된다.

• SK텔레콤 Scope 3 배출량 현황       (2021년 기준)

| 카테고리 | 배출량(천톤) | 카테고리 | 배출량(천톤) |
|---|---|---|---|
| 1. 구매한 상품/서비스 | 2,544 | 7. 통근 | 9 |
| 2. 자본재 | 1,187 | 8. 임차자산 | 13 |
| 3. 연료 및 에너지 사용 | 0.5 | 14. 가맹점 | 81 |
| 5. 폐기물 | 0.5 | 15. 투자 | 548 |
| 6. 출장 | 1 | 총 배출량 | 4,384 |

• SK텔레콤 Scope 3 배출량 산정 방법론

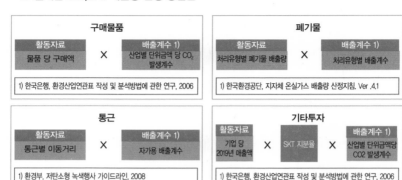

출처 : 외부 컨설팅 결과 보고서

# 미얀마 쿡스토브 사업

미얀마는 동남아시아에 위치하고 있는 국가다. 인도, 방글라데시, 중국, 태국, 라오스와 국경을 접하고 있으며, 한때 배낭 여행자에게는 '황금 파고다의 나라'로 불렸던 곳이다. SK텔레콤은 2018년부터 미얀마 주민을 대상으로 고효율 쿡스토브 보급사업을 추진하고 있는데 미얀마에서 온실가스를 감축하여 '2050 넷제로' 달성에 활용할 목적이다.

상하수도, 가스와 같은 생활기반 시설이 부족한 미얀마의 농촌과 산촌에서는 지금도 주민들이 나무 땔감과 숯을 이용해서 식사를 준비하고 있다. 땔감은 집 근처 가까운 숲에서 구하거나 시장에서 사기도 한다. 음식을 가열하거나 익히는 취사도구는 스리스톤(Three Stone)이라 불리는 간이 화덕인데 돌멩이나 벽돌 세 개를 삼각형 모양으로 눕혀

놓은 모양이다. 조리 과정에서 나무 땔감을 사용하므로 매캐한 연기와 그을음이 발생하는데 집 안에 가득 찬 연기는 호흡기 건강에도 해로울 뿐만 아니라 그을음은 블랙카본의 일종으로 기후변화를 촉진하는 온실가스다.

이러한 문제를 해결하고자 SK텔레콤은 미얀마 주민 40만 명을 대상으로 기존 재래식 스리스톤 화덕 대신 열효율이 28% 개선되고 땔감도 44% 줄일 수 있는 고효율 쿡스토브(ICS, Improved Cook-Stove)를 제작하여 보급하고 있다. SK텔레콤이 보급하는 쿡스토브는 모레, 황토시멘트가 주요 재료로 현지에서 주민이 직접 생산하고 있다.

또한, 쿡스토브 보급을 통해 사회적 가치도 창출하고 있다. 쿡스토브는 땔감 구매 비용을 감소시켜 미얀마 가구의 가처분 소득 증가에 기여하고 있으며, 쿡스토브 제작과 보급, 사용교육 과정에 현지 인력을 참여시킴으로써 신규 일자리도 늘어나고 있다.

• **쿡스토브 비교(좌: 재래식 쿡스토브, 우: 고효율 쿡스토브)와 경제적 가치**

| 구분 | 신규 일자리 창출 | 가구 땔감비용 감소 | 여성의 노동시간 감소 |
|---|---|---|---|
| 2021년 기준 경제적 가치 | 2억 원 | 86억 원 | 97억 원 |

## 미얀마 쿡스토브의 의미

교토의정서 제12조에 따라 선진국은 개발도상국에서 추진한 온실가스 감축사업 실적을 자국의 온실가스 감축에 사용할 수 있다. 이러한 감축수단을 청정개발체제(CDM) 사업이라고 부르는데 미얀마 쿡스토브 사업도 여기에 해당된다.

SK텔레콤은 미얀마에서 쿡스토브 사업을 추진하여 온실가스를 감축하고 UN으로부터 발급받은 감축실적(CER, Certified Emission Reductions)을 국내 상쇄배출권(KOC, Korean Offset Unit)으로 전환하여 회사의 배출량 관리에 활용할 예정이다. 미얀마 쿡스토브 사업은 2019년 UN에 사업을 등록하였으며 지금까지 약 20만 대의 쿡스토브를 보급하였다. 2021년 12월에는 그동안의 감축실적을 인정받아 약 26만 톤의 CER를 확보할 수 있었다. 현재 KOC 전환을 위한 절차를 밟고 있는데 정

• CDM사업 개요

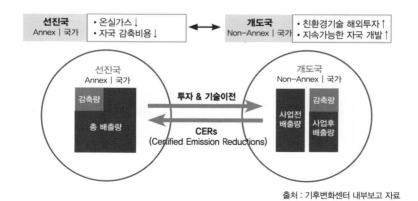

출처 : 기후변화센터 내부보고 자료

부(환경부)의 승인이 완료되면 2023년부터 국내배출권으로 전환되어 사용할 수 있을 것으로 기대하고 있다.


## 기후변화와 리스크

인류의 경제활동이 증가될수록 기후변화를 초래하는 온실가스 배출량은 늘어난다. 2021년 COP26(Conference of the Parties 26, UN기후변화협약 당사국 총회)을 앞두고 발표된 세계기상기구의 연례 온실가스 보고서에 따르면 지난해 온실가스 농도가 산업화 이전 대비 149%에 이르는 수준이며, 획기적인 온실가스 감축노력이 없다면 2100년에는 지구의 연평균 온도가 4도 이상 오를 것이라고 한다.

전 세계 기후학자와 기상학자들은 지구 연평균 기온이 2도만 올라가도 인류와 지구 생태계에 미치는 영향이 엄청나다고 경고한다. 그리고 지구 연평균 기온이 4도를 넘어서는 순간 전 세계 생물종의 40% 이상이 멸종하고 수억 명의 인구가 물 부족 사태에 직면할 뿐만 아니라 해수면 상승으로 대부분의 해안 도시들은 물에 잠기게 된다고 경고한다.

기업에도 기후변화는 더이상 먼 미래에 발생될 경영상의 리스크가 아니다. 과거에 비해 폭염과 장마는 더 길어지고 산불은 계절과 관계없이 발생되는 등 이제 기업은 기후변화로 부터 자유로울 수 없다. 기업이 소유하고 있는 생산설비나 자산들이 과거보다 더 많이 기후변화에 노출된다는 의미이다.

　SK텔레콤은 이러한 기후 환경변화를 감안하여 태풍, 홍수, 폭염 등 미래 극한기후 발생에 따라 보유자산들이 어떠한 기후 리스크에 노출되는지 평가하고 대응체계를 수립하였다.

## 물리적 리스크 의미

　다양한 기후 보고서와 연구들에 따르면 우리나라에서 관측되는 기후변화 현상은 전 세계 평균적인 추세를 상회하는 것으로 보고하고 있다. 우리나라의 평균 지표 온도는 1912~2017년 약 1.8도 상승하였으며, 평균 연 강수량은 지난 30년 동안 약 7.4% 증가하였다.

　실제 악화된 기후환경 변화에 따라 해마다 발생하는 산불은 산림 생태계를 훼손하고 기업 경영에도 영향을 미치고 있다. 2017년 강원 강릉·삼척지역과 2019년 강원 고성·속초, 그리고 2022년 경북 울진과 강원 삼척에서 발생한 산불로 인해 이동통신 3사의 기지국은 예상하지 못한 피해를 입었다.

　이처럼 기후변화 리스크 중 이상 고온에 따른 산불 증가는 기지국과 같은 통신시설의 피해뿐만 아니라 고객에게 서비스를 제공 못 하는 상황을 초래하는데, SK텔레콤이 기후변화 리스크 중 '물리적 리스크'에 집중하는 이유이기도 하다. 물리적 리스크는 태풍, 홍수, 폭염 등 기후 리스크 요인 증가와 장기적 기후패턴의 변화로 발생하는 경제적 비용과 금융적 손실을 의미한다.[2]

　SK텔레콤이 전국의 통신장비를 대상으로 기후변화 물리적 리스크를 평가하는 이유는 미래의 손실을 미리 예측해서 관리하는 리스크 체계를 수립하기 위함이다. 즉, 미래의 특정 시간, 특정 공간이나 지역에서 발생 가능한 기후 리스크 요인의 상대적 위험성을 평가하고, 대책수립 우선순위를 파악하여 기후변화와 관련된 적응대책을 마련하기 위함이다. 이를 통해 회사는 기후변화를 경영상의 중요한 위험 요소로 인식하고 각 리스크 요인별로 영향분석과 발생빈도 평가를 통해 미래 사업전략 수립에 활용할 수 있을 것으로 기대하고 있다.

**물리적 리스크 평가 결과**

SK텔레콤의 통신장비는 전국에 분포되어 있다. 통신 서비스의 특성상 전국 커버리지 확보를 위해 대도시뿐만 아니라 농·어촌, 섬, 산악 지역 등 전국 곳곳에 기지국, 중계기가 필요하기 때문이다.

따라서 각 지역에 설치되어 있는 통신장비는 우리나라의 다양한 재해에 노출될 수밖에 없다. 통신장비 운영에 직접적 영향을 미치는 기후변화 리스크 요소 중 폭염, 폭우, 산불, 산사태, 폭설을 주요 리스크 요인으로 선정하고 발생 가능성과 위험성을 평가하여 대응방안을 수립하였다.

먼저 미래 극한기후를 예측하기 위해서 IPCC의 대표농도경로(RCP, Representative Concentration Pathways) 시나리오를 활용하였다.

RCP 시나리오는 대기중 이산화탄소의 농도 증가에 따른 결과를 기반으로 기후변화를 예측하는 모델이다. RCP 시나리오에는 인간활동에 의한 온실가스 농도 증가에 따라 다양한 시나리오가 있는데 SK텔레콤은 온실가스 저감정책이 상당히 실현된 RCP 4.5와 현재의 추세로 온실가스가 배출되는 RCP 8.5를 기준으로 기후 리스크를 평가하였다.

• RCP 시나리오 설명

| 시나리오 종류 | CO2 기준(ppm) | RCP 시나리오 설명 |
|---|---|---|
| RCP 2.6 | 420 | 인간 활동에 의한 영향을 지구 스스로가 회복 가능한 경우 |
| RCP 4.5 | 540 | 온실가스 저감 정책이 상당히 실현되는 경우 |
| RCP 6.0 | 670 | 온실가스 저감 정책이 어느 정도 실현되는 경우 |
| RCP 8.5 | 940 | 현재 추세(저감없이)로 온실가스가 배출되는 경우(BAU 시나리오) |

출처 : IPCC 5차 평가보고서

그 결과, 물리적 리스크 요소 중 하나인 산불의 리스크 평가 모형에서 유의미한 결과가 나왔다. 2022년에 발생한 울진·삼척 산불 피해 지역 인근에 위치한 59개 기지국의 산불 발생 위험도는 60% 이상이었으며 그중 28개 국소가 실제 산불 위험지역에 위치하고 있었다.

또한, 가장 비관적인 RCP 8.5 시나리오에 의하면 2050년 전국 17개 광역지자체 중 13개 지역에서 산불 발생 빈도가 지금보다 현저히 증가하는 결과를 보였다. 미래에는 지금보다 적은 강수량과 낮은 습도가 대기 건조도 상승에 영향을 미치기 때문이다.

• RCP 시나리오별 산불 리스크 평가모형

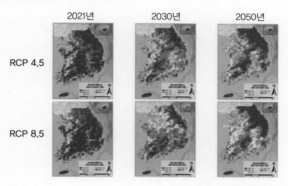

출처 : 고려대 오정리질리언스 컨설팅 보고서

이와 같이 SK텔레콤은 기후변화에 따른 물리적 리스크 요인을 파악하고 각 리스크 요인에 따라 시기별, 지역별로 영향도를 분석하여 통신장비의 구축과 운영에 적극 활용할 예정이다. 아울러 각 리스크별로 통신장비가 받는 영향이 다르므로 정확한 평가를 위해 리스크 관리정보(토지피복, 위도, 경도, 고도, 경사, 방위 등)에 대한 충분한 DB도 확보하여 리스크 평가방법론을 지속적으로 고도화해 나갈 예정이다.

## 기후변화 이니셔티브(Initiative)

SK텔레콤은 2019년 2월 스페인 바르셀로나 MWC에서 GSMA 이사회 멤버로서 SBTi 가입을 선언했다. SBTi는 기업, 도시, 지자체 등을 대상으로 과학적 방법론에 근거한 온실가스 감축목표 수립을 지원하는 민간 주도 글로벌 협의체다. 즉, 전 세계 기상 및 기후학자, 전문가들이 기업이 수립한 온실가스 감축목표가 파리협약에서 규정하고 있는 지구 연평균 온도상승 목표에 부합되는 내용인지 검증한다.

SK텔레콤은 2019년 초 가입 선언, 2020년 초 가입의향서(Commitment Letter) 송부, 2021년 온실가스 감축목표를 제출하여 2022년 7월 말 최종적으로 온실가스 감축목표 검증을 통과했다. 국내에서는 다섯 번째이며 통신 업종에서는 최초의 사례다.

## SBTi(Science Based Target Initiative)

SBTi는 2015년 세계자연기금(WWF, World Wide Fund for Nature), 탄소정보 공개프로젝트(CDP, Carbon Disclosure Project), UN 글로벌콤팩트(UNGC, UN Global Compact)가 공동으로 설립했다. SBTi는 최신 기후과학에서 제공하는 방법론에 따라 지구 온도상승을 산업화 이전 대비 2도 이하, 더 나아가 1.5도 이하 상승 억제를 추진하며, 2050년까지 온실가스 넷제로(Net Zero) 달성을 목표로 한다. 2022년 8월 기준 3,500여 개 기업이

• SK텔레콤의 SBTi 목표검증 완료를 보도한 기사들

SBTi 가입 동참을 선언했으며, 그중 1,600여 개 기업이 온실가스 감축목표가 과학적 기반에 의해 수립됐음을 승인받았다. 우리나라는 29개 기업이 참여하고 있고, 그 가운데 5개 기업만이 목표 승인을 받은 상태이다.

SBTi 목표검증 절차는 다음과 같다. 가입 선언서(① Commit) 제출 후 온실가스 감축목표를 개발(② Develop)하고 제출(③ Submit)한다. 가입에서 목표 제출까지 기한은 24개월이다. SBTi가 목표 검증을 완료하면 외부 이해관계자들을 대상으로 공표(④ Communicate)하고 회사의 온실가스 감축실적은 매년 홈페이지나 사업보고서, CDP를 통해 공개(⑤ Disclose)하면 된다.

목표 제출은 'Target Submission Form'을 이용해서 제출하며 SBTi 홈페이지에서 다운로드받을 수 있다. 참고로, 검증시간 단축을 위해서는 목표제출 초기 최대한 많은 정보를 함께 제공하는 것이 유리할 것으로 생각된다.

• SBTi 가입절차

| COMMIT | DEVELOP | SUBMIT | COMMUNICATE | DISCLOSE |
|---|---|---|---|---|
| submit a letter establishing your intent to set a science–based target | Work on an emissions reduction target in line with the SBTi's criteria | Present ou target to the SBTi for officaial validation | Announce your target and inform you stakeholders | Report company–wide emissions and progress against targets on an aunnual basis |

출처 : SBTi 홈페이지

## RE100(Renewable Energy 100)

　RE100은 기업에서 사용하는 전력의 100%를 재생에너지로 전환하는 글로벌 이니셔티브이다. The Climate Group과 CDP가 주도하여 설립하였는데 재생에너지를 사용하여 현재 전력 생산의 주요 에너지 자원인 화석연료 사용을 줄여 온실가스 배출을 감축하는 데 목적이 있다. 2022년 8월 기준 애플, BMW 등 전 세계 주요 기업 370여 개사가 참여하고 있다.

　일반적으로 재생에너지는 무한정 재생이 가능한 햇빛, 바람, 지열 등을 사용하여 생산되는 전기에너지를 말한다. 2020년 기준 우리나라 국가 전력 발전량의 6.4%를 재생에너지가 차지하고 있으며 이중 태양광이 재생에너지 공급을 주도하고 있다.

　SK텔레콤은 2020년 11월 말 SK, SK하이닉스 등 그룹사와 함께 한국에서 최초로 RE100에 가입했다. RE100 가입 기업은 '영향력' 있는 기업을 대상으로 하는데 여기에서 '영향력'이란 아래 박스의 조건 중 하나 이상을 충족하면 된다. RE100 가입 이후에는 1년 이내에 100% 재생에너지 조달을 위한 계획을 세워 CDP에 제출해야 하며 재생에너

---

• **글로벌 RE100 가입조건**

| |
|---|
| 1. 전 세계 또는 국내에서 인정받고 신뢰받는 브랜드 |
| 2. 주요 다국적기업(포춘지 선정 1,000대 기업 또는 동급) |
| 3. 상당한 전력 사용량(예 : 100GWh 초과) |
| 3. RE100의 목적에 도움이 되는, 전 세계 또는 국내에서 확실한 영향력을 갖는 기타 특성 |

출처 : CDP한국위원회 홈페이지

지 사용비율은 2030년 60%, 2050년 100%를 달성하여야 한다.

 SK텔레콤의 경우 대부분의 온실가스 배출은 전력사용으로 발생한다. 따라서 RE100이 달성되면 SBTi 기반으로 수립한 넷제로(Net Zero)도 함께 달성 가능하다. 현재 전국의 사옥, 통신장비에서 사용되는 전력을 재생에너지로 전부 대체하기에는 내부여건, 국내 재생에너지 시장, 지원제도 측면에서 준비 시간이 필요하다. 회사가 2050년까지 재생에너지 전환 로드맵(Roadmap)을 수립하여 차근차근 추진하는 이유이다. 특히 기업 입장에서 RE100 이행을 위해 무엇보다도 경영환경을 고려한 추진전략이 필요하다. 2050년까지 연도별 RE100 달성비율과 재생에너지 조달비율을 어떻게 구성할지 계획을 세워야 한다.

 SK텔레콤은 2020년 말 RE100 가입을 선언한 이래 에너지 전환 로드맵과 추진체계를 내부적으로 준비해 왔다. 회사가 사용하는 전력의 특성(한전과의 계약관계)과 사용량을 분석하고 RE100 이행수단의 장단점도 살펴보고 2050년까지 회사의 전력수요와 회사의 재무적 부담도 함께 고려하여 회사 실정에 맞는 로드맵을 수립하였다.

 한편, SK텔레콤은 녹색프리미엄 제도를 활용하여 2022년 기준 회사 전력사용량의 5%를 재생에너지로 대체하였으며 전국의 사옥 및 기지국, 통합국사에 자체 태양광 발전시설을 설치하여 사용하고 있다. 이러한 노력을 통해 2030년까지 회사 전력사용의 60% 이상을 재생에너지로 대체할 예정이다. 그리고 우리나라 재생에너지 시장 상황을 고려하여 RE100 시행 초기에는 녹색프리미엄을 주로 활용하고 2025년부터는 재생에너지 직접계약(PPA, Power Purchase Agreement)과

• RE100 이행수단 세부내용

| 구분 | 내용 | 장점 | 단점 | 온실가스 감축 인정여부 |
|---|---|---|---|---|
| 녹색프리미엄 | 기존 한전전력에 프리미엄을 지불하고 재생에너지 전력을 구매 | 구매절차 간편 | 배출권 추가구매 필요 | X |
| 인증서(REC) 구매 | 재생에너지 공급인증서 (REC)를 구매 | 구매절차 간편 1회/ 중장기 구매 선택가능 | 높은 인증서 가격, 인증서 가격변동 노출 | O |
| PPA 계약 | 재생에너지 발전사업자로부터 전력구매계약을 통해 직접, 간접(제3자)방식 조달 | 초기 투자비 없이 장기 고정계약으로 조달 가능 | 조건부합 발전 사업자 확보가 필요 | O |
| 자가발전 | 기업소유의 재생에너지 설비를 설치하고 생산전력 직접 사용 | 재생에너지 직접 사용으로 소유권 명확 | 제한된 발전규모 | O |

출처 : 엔라이튼 컨설팅 자료

재생에너지 공급인증서(REC, Renewable Energy Certificate) 구매도 함께 추진할 예정이다.

한편, RE100 선언기업은 2020년 8개사에서 2022년 26개사로 3배 이상 늘어났고 RPS[3] 의무사업자들이 연도별로 공급해야 하는 재생에너지 비율도 증가가 예상되므로 향후 한국의 재생에너지 시장은 빠르게 변화될 것으로 예측된다. 정부의 정책변화 및 지원제도, 재생에너지 시장 동향을 주기적으로 모니터링하고 분석하여 대응이 필요하다.

## CDP(Carbon Disclosure Project)

CDP는 기업이 배출하는 탄소정보의 자발적 공개를 촉구하는 국제적 이니셔티브이다. 지금은 탄소정보 이외 수자원, 산림 보존, 도시

기후환경, 공급망의 환경 리스크 관리 분야에서도 기업의 대응 현황을 평가하고 있다.

CDP는 2000년 영국에서 설립되었으며 기업의 지속가능성을 평가하는 세계적인 평가기관으로서 환경정보 공개 분야에서는 DJSI, MSCI와 함께 가장 공신력이 높은 지표로 꼽힌다. 각 기업을 대상으로 온실가스 감축과 탄소중립 경영을 유도하기 위해 온실가스 배출량 및 감축량, 내부의사결정 구조, 경영현황 등에 대해서 지속적인 정보공개를 요청한다.

설문서 응답 결과에 따라 기업의 대응현황을 Leadership, Management, Awareness, Disclosure로 평가등급을 구분하는데, 각 평가등급 내 상위 및 하위 구분을 두어 실제로 기업이 받는 등급은 8개이다. CDP는 설문 문항마다 Leadership, Management, Awareness,

• CDP 정보공개 내용

| Key Area | 주요 내용 | Key Area | 주요 내용 |
| --- | --- | --- | --- |
| (1) Governance | · 기후변화 의사결정체계<br>· 이사회의 책임과 역할 | (5) Energy | · 온실가스 배출량<br>· 에너지 사용량<br>· 배출량 산정방법 |
| (2) Risk & Opportunities | · 위험/기회 식별/평가/대응<br>· 위험/기회의 구체적 설명 | (6) Verification | · 온실가스 배출량 검증 여부<br>· 에너지 사용량 검증 여부<br>· 설문 답변서 검증 여부 |
| (3) Strategy Business | · 기후변화 시나리오 수립<br>· 회사전략 반영 여부 | (7) Carbon Pricing | · 기업 내부 탄소가격 정보 및 사례 |
| (4) Target & performance | · 온실가스 감축목표<br>· 해당 연도 감축정보 | (8) Engagement | · 공급망 협력/참여내용 |

Disclosure 형태로 배점이 주어지며 답변의 기준 충족 여부에 따라 획득 가능한 점수가 결정되는데 상위 점수를 얻기 위해서는 하위등급 카테고리의 백분위 점수가 80점 이상이어야 한다.

SK텔레콤은 2010년 CDP 평가에 처음 참여한 이래 2022년 초 발표된 2021년 기후변화 대응 부문(Climate Change)에서 최고 등급인 '리더십 A'를 획득하여 CDP 한국위원회로부터 '탄소경영 아너스 클럽'과 '탄소경영 섹터 아너스(통신)'를 모두 수상하였다. 특히 '리더십 A' 등급은 전 세계 1만3,000여 개 참여기업 중 약 200개 기업(1.6%)만이 획득한 최고 등급으로 SK텔레콤의 환경경영이 글로벌 기준으로 인정받았다는 면에서 의미가 크다.

한편, CDP 문항은 총 8개의 주요영역으로 구분되어 있으며 각 항목 답변 내용의 구체성, 충분한 정보 및 증빙 제공 여부에 따라 상위 점수 획득이 가능하다.

---

**1** 카테고리 1~8 : 업스트림 항목 / 카테고리 9~15 다운스트림 항목

**2** 기후 리스크 관리 지침서, 금융감독원, 2021. 12

**3** Renewable Portfolio Standard의 약자로 500MW 발전시설 보유 발전사업자는 총 발전량의 일정비율을 신재생에너지로 공급하도록 의무화

## ▪ SK텔레콤 넷제로 이행경로

2021년 기준 SK텔레콤 사업장에서 배출된 온실가스는 105만 톤이다. 이동통신의 속도가 빨라지고 다양한 서비스가 출현함에 따라 통신 시설투자는 더욱 늘어나고 있으며, 장비당 배출량 증가로 인해 최근 3년간 온실가스 증가율은 5.5%에 이른다. 특히 초고속, 초연결, 초저지연 등 기존 세대의 기술보다 크게 향상된 5G 특성상 서비스 활성화가 극대화되는 2030년 즈음에는 지금보다 온실가스 배출량이 두배 이상 늘어날 것으로 예측하고 있다.

SK텔레콤은 이러한 배출량 증가에도 내부 온실가스 감축역량, 재생에너지 시장상황 등을 반영하여 2050년 넷제로를 선언하고 SBTi의 가이드에 따라 이행경로를 수립하였다. 중간 목표(Near Term Target)을 소개하면 2030년의 온실가스 배출량은 2020년 배출량인 104만 톤 기준 47.7%(50만 톤)를 감축해야 하는 도전적인 목표가 포함되어 있다.

넷제로 목표 달성을 위해서는 배출원인 분석을 통한 현실적인 감축방안이 필요하다. SK텔레콤은 에너지 사용의 99%가 단기 전환이 불가능한 전력이라 이를 절감할 수 있는 감축방안이 필요하다. 최신 IT 기술이 연계된 에너지 절감 혁신기술과 점진적인 에너지 전환을 위한 재생에너지 조달(RE100)이 주요 감축방안으로 거론되고 있는 이유이다.

한편, 넷제로 이행경로는 2050년까지 선형감축에 준하는 10년 단위 목표를 설정하고 연평균 4.2% 이상 감축되도록 설정하였다. 또한 주요 감축수단인 재생에너지 시장상황 등을 고려하여 연도별 최적 감축방안을 수립할 계획이다.

· SK텔레콤
Net Zero 이행경로

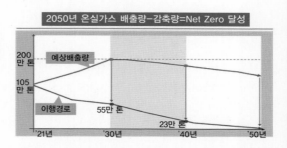

# ■ Scope 3 배출량 산정

회사의 Scope 3 배출량 중 일부는 당사의 경영활동과 관련 있기는 하나 엄밀히 보면 타 회사의 Scope 1, Scope 2 배출량이라고 이야기할 수 있다. 사업장 밖에서 발생되는 배출량이라 정확한 데이터를 얻기가 쉽지 않고 담당자를 찾기도 어렵다. 온실가스 배출량 산정 업무가 익숙하지 않다면 회사의 경영활동을 카테고리 별로 나누기가 쉽지 않을뿐더러 구분도 모호할 것이다. Scope 3의 정확한 배출량 산정이 어려운 이유이다.

먼저 모든 카테고리의 배출량을 고려하기 전에 회사가 속해 있는 업종의 글로벌 기업들과 비교해서 카테고리 수를 줄이는 방법이 필요하다. 이미 글로벌 기업들은 Scope 3 배출량을 산정하고 매년 실적을 발표하고 있으므로 각 회사별 홈페이지의 사업보고서나 지속가능경영보고서를 참조하면 될 것이다.

카테고리가 정해졌다면 배출량 산정에 도움 줄 수 있는 내부조직, 외부 협력사의 담당자를 지정하여 물품당 구매액, 폐기물 처리량, 통근 거리, 투자사 온실가스 배출량 등 기초 활동자료를 수집하면 되는데, 일반적으로 대부분의 자료들은 회사 구매, HR, 투자부서에서 얻을 수 있으므로 이들 부서의 적극적인 참여가 필요하다.

SK텔레콤은 2020년도부터 적극적인 탄소정보 공개를 위해 Scope 3 배출량을 산정하고 공표하고 있다. 초기에는 SBTi 가입에 따른 온실가스 종류별 감축목표 파악을 위해 Scope 3 배출량 전체 규모 산정에 초점을 맞추었다면 2021년도부터는 배출량 과다산정을 방지하고 실질적인 감축방안 마련을 위해 활동 데이터(에너지 사용량 등)를 직접 수집하는 방식으로 개선하였다. 예를 들면, 카테고리 15번 '투자' 배출량의 산정을 위해 106개 출자법인 목록 중에서 자산규모 5억 원 이상, 지분율 10% 이상 기업 중 보고의 중요성과 영향력 관점에서 상위 20여 개 기업을 선정하여 직접 활동자료를 수집하였다. 또한, 출자법인 담당자의 업무부담 경감을 위해서 활동자료 수집 양식(Excel) 및 온실가스 배출량 산정 도구를 별도 개발하여 배포하였다.

그 결과, 실제 활동자료에 기반하여 산정된 투자법인의 온실가스 배출량은 기존방식(매출액에 환경산업연관표에 의한 원단위 배출계수를 곱하여 계산)에 의한 추정보다 240만 톤 감소된 55만 톤으로 대폭 수정되었다.

- 카테고리 15 배출량 직접산출 대상 투자회사 선정 프로세스

| 기업분할 |
|---|
| 기업분할 및 매각된 기업 제외 |

↓

| 규모 |
|---|
| 총 자산 5억 원 이상인 기업만 포함 |

↓

| 리스크 |
|---|
| 탄소집약 업종 포함(제조업)<br>단순 페이퍼컴퍼니 등 제외(펀드, 우선주, 협의체기관) |

↓

| 영향력 |
|---|
| 지분율 10% 미만 기업 제외 |

↓

| 자료협조 |
|---|
| 해외 법인 및 기타 협조 불가 기업 제외 |

## ■ 온실가스 외부감축사업 활용

국내기업이 외국에서 직접 시행하는 해외 감축사업의 경우 배출권 확보까지 예상보다 많은 시간이 소요된다. 사업계획서 작성에서부터 DNA(Designated National Authority, 국가승인기구) 승인 획득, UN 사업등록 이후 감축량 모니터링과 검증 그리고 CER 발급까지, 사업주체가 통제할 수 없는 변수도 다수 있기 때문이다. 여기가 끝이 아니다. 해외 감축사업 실적(CER)을 국내 외부사업 인증실적(KOC, Korean Offset Credits)으로 사용하고자 한다면 환경부 배출량 인증위원회의 외부사업 등록과 감축량 인증 절차 또한 거쳐야 한다.

SK텔레콤의 경우 2019년 초 사업 착수 후 2021년 말 CER를 발급받기까지 약 3년의 기간이 소요되었다. 코로나 바이러스로 인해 미얀마 전국이 봉쇄되어 사업지 접근이 불가능했고 군부에 의한 쿠데타 발생 이후 시위격화 및 유혈진압 확산에 따라 현지 주재인력의 안전 이슈가 대두되어 일시 귀임하기까지 하였다. CDM 사업 담당자라면 긴 호흡을 가지고 사업을 바라보는 것이 좋겠다.

해외 감축사업을 통해 성공적으로 CER를 확보하고 KOC로 전환이 완료되었다면 이

• **외부감축 인증실적 전환 절차와 탄소배출권**

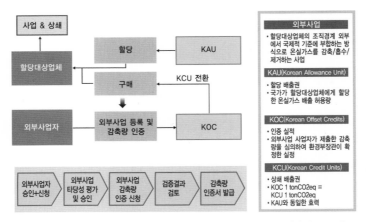

출처 : 기후변화센터 내부보고 자료

제 자사에 맞는 배출권 활용전략이 필요하다. 기존에는 KOC를 상쇄배출권(KCU, Korean Credit Units)으로 전환하기까지 보유기간에 제한이 없었으나 3차 계획기간부터 KOC 사용기간이 2년으로 제한되는 빈티지가 도입되었다. 또한 해외 감축사업으로 인해 KCU는 배출권 제출수량의 5%까지만 사용할 수 있으므로 잔여 KOC를 매각하거나 타 배출권을 보유하고 있는 기업과 스와프(Swap, 교환)하는 전략이 필요한 이유이다

## ■ 기후변화 물리적 리스크

기후변화 물리적 리스크가 회사 경영에 미치는 영향을 파악하기 위해서는 먼저 회사 내 중요자산 식별이 중요하다. 제조업체의 경우는 지방 소재 사업장이 중요자산으로 분류될 수 있으며 만약 지역별로 다수의 공장을 보유하고 있지 않다면 기후 관련 리스크는 제한적일 것이다. 그리고 주요 사업장이 강이나 하천 주변에 위치하고 있다면 홍수나 폭우와 같은 기후 리스크 요소에 집중하여 평가모델을 구축하면 된다.

반면 전국에 기지국이 분포되어 있는 통신업이나 매장 기반의 영업을 수행하는 유통업, 금융업(은행)의 경우에는 자산의 중요도를 구분할 수 있는 정성적 기준(핵심기능, 본부 소재, 업무기여도 등)과 정량적 기준(자산별 장부가액, 매출액, 이용 고객 수 등) 수립이 필요하다. SK텔레콤은 전국에 분포하고 있는 통신 인프라를 중요자산으로 식별하고 GIS(Geographic Information System) 매핑을 통해 공간정보가 반영된 기후변화 리스크를 파악하였다.

한편, 미래의 기후전망을 좀 더 정확하게 예측하기 위해서 최신 기후변화 시나리오 사용을 권장한다. SK텔레콤은 IPCC 5차 평가보고서의 RCP 시나리오(남한 상세, 1km)를 사용하였으나 현재 기상청 기후정보포털에서 IPCC 6차 보고서의 SSP(Shared Socioeconomic Pathways, 공통 사회경제 경로) 남한 상세 시나리오를 활용할 수 있다(2021년 12월부터 제공).

# 05  인권경영(S)_ 기업과 인권

2011년 '유엔 기업과 인권 이행원칙'(UNGPs)이 제정된 이후 기업(Business)과 인권(Human Rights)에 관한 논의가 확산되었고, ESG 시대를 맞이하며 더욱 중요한 항목으로 등장하였다. ESG 시대에서 인권은 리스크가 될 수도 있고, 기회가 될 수도 있다. 인권 리스크가 발생하면 법적 분쟁 과정에서 많은 비용이 들고, 소비자 및 투자자로부터 외면을 받아 결국 매출 및 주가 하락으로 이어질 수도 있다. 반면, 인권경영을 잘하는 기업은 조직문화 변화로 임직원의 만족도가 높아지고, 대외적으로는 기업 이미지를 개선하여 소비자의 지지를 받을 수 있으며, 브랜드 가치가 높아져 인재 영입 및 협력사 선정에서 좋은 성과를 낼 수도 있다.

최근 ESG 투자가 확산되면서 인권 리스크가 큰 기업은 자금조달에 어려움을 겪는 반면, 인권경영에 적극적인 기업은 매력적인 투자

처로 인식되고 있다. 글로벌 투자 유치에 있어서 인권경영에 대한 투자자들의 요구가 증가하고 있으며, 기업의 인권 실사 의무에 대한 EU의 법적 제재 또한 강화되고 있다. 실례로, 2021년 3월 세계 최대 자산 운영사인 블랙록은 투자 대상 기업이 인권 리스크를 제대로 관리하지 못할 경우 이사 선임에 반대할 수 있다고 선언한 바 있다. 2022년 2월에는 유럽 내 '기업 지속가능성 실사법'이 공개되어 인권경영 이행이 미흡한 글로벌 기업들에 인권 실사를 요구한 바 있다. 국내에서도 2021년 12월 법무부가 인권위원회와 함께 '인권 정책 기본법 제정안'을 발의하는 등 기업 인권경영의 중요성이 점차 늘어나고 있다.

ESG 공시지표에도 '기업과 인권'이 명시적으로 포함되어 있고, ESG 평가기관은 해당 기업뿐만 아니라 공급망 전체의 리스크 관리를 요구하고 있다. DJSI 평가지표에는 인권 정책, 인권 실사, 공급망 관리 등이 포함되어 있고, KCGS 모범규준에도 인권경영 기준이 포함되어 있다.

2011년 UNGPs 채택 이후 EU와 미국을 중심으로 인권경영이 제도

• 국제사회의 인권실사 또는 인권공시 의무화 동향

| 2010~2014 | 2015~2019 | 2020~2021 |
| --- | --- | --- |
| 캘리포니아, 공급망 투명성법(2010)<br>EU, 비재무정보 보고지침(2014) | 영국, 현대판 노예방지법(2015)<br>EU, 분쟁광물 규정(2017)<br>프랑스, 인권실사법(2017)<br>호주, 현대판 노예방지법(2018)<br>네덜란드, 아동노동 실사법(2019) | EU, 지속가능성 보고 지침안(2021)<br>독일, 공급망 인권실사법(2021)<br>EU, 인권실사법안(2021) |

출처 : 법무법인 지평

화되고 규제가 강화되고 있다. 인권 공시 의무화부터 시작하여 특정 인권 이슈 실사 의무화에 이어 포괄적 실사 의무화까지 규제가 강화되고 있다.

글로벌 기업들도 UNGPs 기준에 따라 전 세계 공급망을 대상으로

• 글로벌 기업의 인권경영 사례

| 기업 | 특징 | 상세 내용 |
|------|------|----------|
| 네슬레 | 공급망 순차적 인권영향평가 | 다국적 식품기업 네슬레는 150여 개국에서 34만여 명의 직원들을 고용하고 있는데, 2010년부터 덴마크 인권연구소(DIHR)와 파트너십을 맺고 공급망에 대한 인권영향평가를 순차 실시함. 콜롬비아, 나이지리아, 앙골라 등 7개국에서 먼저 실시 하였고, 노동조합/NGO/지역대표 등 이해관계자들과 폭넓게 협업하였으며, 평가 결과를 기업정책 및 기업활동에 적극적으로 반영함. |
| 아디다스 | 공급망의 강제 노동 · 인신매매 중점 관리 | 아디다스는 1990년대부터 글로벌 공급망에서 현대판 노예제를 방지하기 위한 인권정책을 수립하고 전 세계 협력사에서 모든 형태의 강제노동 및 인신매매를 금지하도록 엄격히 관리함. 아디다스의 인권정책에는 고위험 지역과 제품 생산과정에 대한 인권실사가 포함되어 있으며, 주기적 실사를 통해 노동정책 위반 사실이 확인될 경우 협력관계를 중단하는 지침을 둠. |
| 마이크로 소프트 | AI와 인권 | 마이크로소프트는 2017~2018년 인권경영 전문기관(Article One)과 인권영향평가를 실시해 AI로 인한 인권 리스크를 점검하였음 (예: R&D 및 AI 상품 · 서비스에 내재한 잠재적 인권 영향 등). 마이크로소프트는 연간 인권보고서를 별도로 공시하는 한편, UN과 5년간 파트너십을 체결하고 인권, 재해지역 복구, 아동 보호, 난민 및 실향민 보호 등 4개 분야에 AI를 활용하는 '인도주의 AI 프로젝트'를 진행 중임. |
| 유니레버 | UNGPs 기준 인권보고서 | 다국적기업 유니레버는 2015년 최초로 UNGPs에 따라 인권보고서를 발간하였음. 인권보고서는 ▲차별 ▲동일임금 ▲강제노동 ▲결사의 자유 ▲안전 · 보건 ▲토지권 ▲성희롱 ▲근로시간 등 7개 주요 이슈에 대한 검토 및 평가 결과를 담고 있음. |

출처 : 법무법인 지평

인권영향평가를 실시하고, 그 결과를 인권보고서를 통해 공시하며, 자사의 비즈니스 모델에 맞는 인권 정책을 추구하고 있다.

이러한 환경에서, SK텔레콤 또한 ESG의 근간이 되는 인권에 대한 체계적인 관리 필요성을 느끼고, 관리지표 수립, 실사, 리스크 개선 등 인권경영의 관리체계를 정립할 목적으로 2022년 인권경영 TF를 CHRO(Chief of Human Resource Office) 직속으로 신설하여 운영하였고, 정규 조직화를 앞두고 있다. TF에는 인권경영 유관부서 실무 조직인 HR, 윤리경영, 안전보건, 정보보호, SCM(Supply Change Management), ESG 추진, ER(Employee Relations) 담당자들로 구성되어 각 영역별로 인권 관련 리스크 관리 및 개선과제를 도출하고 각 영역과 관련된 인권 이슈를 모니터링하고 있다. 이처럼 SK텔레콤의 인권경영 범위에는 사내 구성원뿐 아니라, SK텔레콤의 상품과 서비스, 계약, 구매 등 비즈니스 활동을 통해 접하는 모든 이해관계자들의 인권이 포함되어 있다. 아울러, 이사회와 산하 ESG위원회가 CEO와 함께 인권과 관련한

• SK텔레콤 인권경영 거버넌스

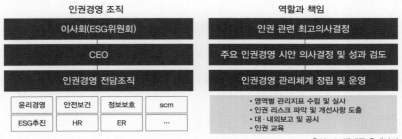

출처 : SK텔레콤 홈페이지

주요 사안에 대해 의사결정을 내리고 인권경영 성과를 검토하는 등 인권과 관련된 최고 의사 결정기구로 역할을 다하고 있다.

SK텔레콤은 '세계인권선언(Universal Declaration of Human Rights)'과 '유엔 기업과 인권 이행 원칙(UN Guiding Principles on Business and Human Rights; Ruggie Framework)'이 제시하고 있는 인권 원칙에 대해 공개적 지지를 선언하고, 인권 존중과 관련한 책임을 다하고 있다. 또한, UNGC(유엔글로벌콤팩트)의 인권 노동 원칙에 따라 투명한 인권경영 구조를 갖추고 있으며, 이러한 원칙과 체계를 기반으로 '인권헌장'을 제정하여 공개하고 있다. 해당 정책에는 강제노동 금지, 아동노동 금지, 근로조건 준수, 인도적 대우, 차별 금지, 결사의 자유, 근로자 안전보건 등의 내용이 포함되어 있다.

SK텔레콤은 전체 구성원을 대상으로 연 1회 정기적으로 인권영향 평가를 진행하여 인권 이슈에 대한 회사의 정책과 절차, 시스템을 체계적으로 검토하고 리스크를 파악하여 효과적인 개선 방안을 마련하고 있다. 자체 개발된 체크리스트를 중심으로 진행되는 인권영향평가는 회사의 인권 이슈에 대한 목표 설정, 성과 측정을 통해 인권 이슈에 대한 효율적 대응과 잠재적 인권 이슈 식별, 개선 과제를 도출하는 목적으로 진행된다. 인권영향평가 결과는 매년 ESG위원회에 보고하고 있다.

인권 실사는 SK텔레콤이 자체적으로 운영하는 사업 뿐만 아니라 계약 관계에 있는 공급사 및 협력사 등 가치사슬(Value Chain) 전반을 대상으로 한다. 가치사슬을 구조화하여 네트워크, 상품, 서비스, 디바이스

• SK텔레콤 인권 실사 프로세스

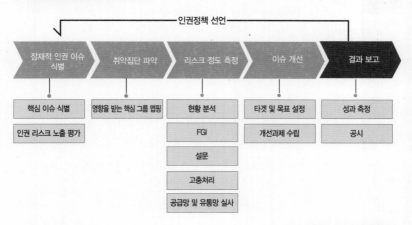

출처 : SK텔레콤 홈페이지

등의 카테고리 내에서 취약 집단을 식별하고, 이러한 취약 집단과 관련된 주요 인권 이슈를 선제적으로 식별하며, 이슈의 성격을 분석한 후 위험 수준에 따라 실사 여부를 결정한다. 실사 결과 확인된 이슈에 대해서는 100% 개선 조치를 이행하고 있다.

SK텔레콤은 앞으로도 인권경영 거버넌스를 고도화하고, 인권 실사를 통해 인권 리스크를 체계적으로 관리하여 이해관계자의 인권 존중에 앞장설 계획이다.

## ▪ 인권경영의 중요성

인권경영은 국가의 규제와 정책 준수를 위해 필요할 뿐만 아니라 임직원 및 이해관계자의 행복을 위해서도 그 중요성이 커지고 있다. 특히, 코로나19를 거치면서 재택근무 중 발생하는 건강 이슈나, 비대면회의로 발생되는 개인정보 유출 이슈 등 새로운 인권 리스크가 발생됨에 따라 기업들의 인권경영 관리가 더욱 요구되고 있다.

기업들의 인권경영 추진 조직 또한, 각 기업별 상황에 맞게 HR, ESG, 법무, 컴플라이언스 등 다양한 조직에서 주관이 되어 유관팀과 협업을 하여 추진하고 있는 모습이다.

글로벌 인권경영 평가지수인 CHRB(Corporate Human Rights Benchmark)에서 높은 점수를 받고 있는 글로벌 기업들의 사례를 보면 단기 및 중장기 인권경영 전략을 수립하여 추진하고 있다. 유니레버의 경우 부정적인 영향을 근본적으로 줄이고자 하는 'Do Good'을 인권경영의 큰 방향으로 설정하고 있으며, HP는 2030년까지 인종 및 성 평등, 문화와 포용성, 근로자 역량 개발 및 지원 등 3가지 영역에서 목표를 수립하고 있다. 아울러 효율적인 관리를 위해 측정지표를 개발하여 관리하고 있으며, 경영층의 KPI에도 반영함으로써 실행력을 강화하고 있다.

글로벌 기업에 비해 국내 기업들은 인권 실사를 통해 인권 리스크를 점검하는 데 소극적인 것이 사실이다. 하지만, 인권 실사를 통해 인권 리스크를 발견하고, 평가를 해야만 리스크를 관리할 수 있다. 이처럼 인권 실사는 인권 리스크를 발견하는 예민한 작업이므로 기업 자체적으로 하는 것보다 가능하면 외부 전문기관을 활용하는 것이 바람직하고 실사 결과의 객관성도 제고할 수 있다. 실제 유니레버, 마이크로소프트 등 글로벌 기업들도 인권경영 전문기관과 함께 인권 실사를 수행하고 있으며, UNGPs도 외부 전문가의 참여를 권고하고 있다.

아울러, 인권 이슈와 실사 결과 등이 포함된 인권 보고서를 정기적으로 공시함으로써 기업의 인권경영 현황을 투명하게 공개해야 외부 이해관계자들의 지지와 인정을 받을 수 있음을 각 기업 담당자들은 명심해야 할 것이다.

# 06 안전보건경영(S)_ 생명과 안전에 대한 노력

기술이 발전할수록 산업재해의 발생 빈도가 높아지고 재해의 규모가 커지고 있다. 세계적으로 안전 환경 관련 정책 및 규제를 강화하고 산업안전에 대한 이해관계자들의 인식과 경각심이 커지고 있으며, 기업의 이행 책임에 대한 요구 또한 높아지고 있는 추세다.

2022년 1월 중대재해처벌법이 시행됨에 따라, SK텔레콤 또한 '중대재해 Zero 목표와 5대 실천사항'으로 구성된 안전보건 경영방침을 명문화하여 안전보건 경영 의지를 사내외에 천명하였고, 이를 솔선수범 실천하며 당사의 모든 제품과 서비스, 활동에 이르기까지 고객, 시민, 사내 구성원과 협력회사 종사자의 생명과 안전을 지키는 데 전사적인 노력을 기울이고 있다.

또한, 안전보건 관리체계 세부 이행 지침을 사규화하고 '중대재해 Zero 목표'를 전사 KPI로 설정하여 경영진 평가보상 체계에 반영함으로써 안전보건 경영의 실행력을 높이고 있으며, 구성원, 협력회사 종사자 등 SK텔레콤과 관련된 모든 이해관계자가 안전보건 경영방침을 준수할 것을 요구하고 있다.

• SK텔레콤 안전보건 경영방침

에스케이텔레콤 주식회사(이하 '회사'라 한다)는 고객, 시민, 구성원 및 종사자의 생명과 안전을 지키는 것을 최우선 가치이자 행동의 기본원칙임을 인식하고 안전보건 관리체계 구축운영과 지속적인 사고 예방활동을 위해 아래사항을 반드시 실천한다.

1. 회사 경영진은 안전보건 경영의지를 지속적으로 표명하고 실천에 솔선수범한다.
2. 회사는 안전보건 관계법령의 요구사항을 안전보건 관리체계에 반영하여 관리기준을 설정하고 철저히 준수한다.
3. 회사는 자사 제품, 시설 및 서비스와 관련된 모든 공정과 작업 활동에 대하여 유해·위험요인을 확인하고 근본원인을 찾아 지속적으로 개선하며, 필요한 자원이 적기에 제공되도록 최선을 다한다.
4. 회사는 구성원 및 종사자의 안전보건 확보와 사고예방의 효과성 제고를 위해 구성원 및 종사자의 참여와 협의를 보장한다.
5. 회사는 구성원 및 종사자의 눈높이를 고려한 지속적인 교육훈련과 학습을 통해 안전 의식을 제고한다.

회사는 본 안전보건 경영방침을 근간으로 고객, 시민, 구성원 및 종사자의 안전보건을 확보하고 적극적인 참여와 실천을 통해 중대재해 Zero 목표를 달성한다.

2022년 1월 26일

CSPO 강종렬

SK텔레콤은 고객과 시민, 구성원 및 종사자의 생명과 안전을 최우선 가치이자 행동의 기본 원칙임을 명확히 인식하고 이를 구현하기 위해 국제표준에 입각한 안전보건 관리규정을 바탕으로, 중대재해처벌법 시행령에서 규정한 15개 제반 사항을 반영한 안전보건 관리체계를 구축하여 실행하고 있다. 향후 경영 환경 및 관련 법률의 변화에 따라 안전보건 관리체계를 지속적으로 발전시켜 나갈 계획이다.

SK텔레콤은 안전보건 확보 의무를 다하고 보다 체계적으로 중대재해 예방 활동을 추진하기 위해 2021년 최고 안전보건 경영책임자(CSPO, Chief of Serious accident Prevention Office)를 선임하고, 유기적이고 효율적인 안전보건 관리 업무 수행을 위해 안전보건 전담조직을 신설하였다. 안전보건 경영책임자는 사내이사로서 안전보건과 관련하여 상정된 중요 사안에 대해 ESG위원회에서 논의를 진행하며, 안전보건 실행력을 강화하고 있다.

'중대재해 Zero 목표' 지속 달성을 위해 중장기 로드맵 및 주요 안전보건 활동계획을 수립하여 실행하고 있다. 특히, 중대재해처벌법이 요구하는 기업의 확보의무 준수를 위한 안전보건 관리의 전사적 체계 점검 및 재개편을 통해 안전보건 관리체계 고도화를 중점 추진하고 있다.

정량 평가지표인 LTIR(Lost Time Incident Rate : 근로손실재해율), OIFR(Occupational Illness Frequency Rate : 구성원 직업성 질환 발생률) 등에 대해 매년 지표를 산출하여 관리하며, 모든 재해율 지표는 제로화('0')를 목표로 하여 안전보건 예방활동을 적극적으로 실천 중이다.

SK텔레콤은 각 사업장의 유해·위험 요인에 따른 부상 또는 질병의 가능성과 중대성을 추정 및 결정하고, 감소대책을 수립하는 등 해

• 2019~2021년 LTIR 및 OIFR 실적

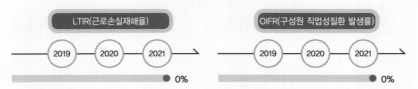

SKT 3개년 무재해 달성

• SK텔레콤 위험성 평가 체계 및 활동 내용

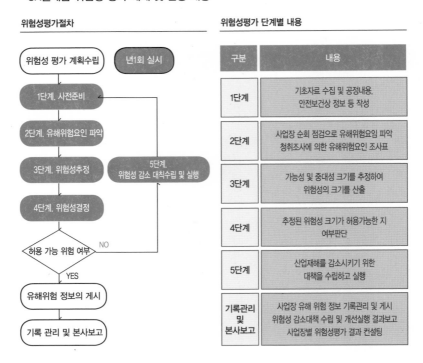

위험성평가절차

위험성 평가 계획수립 → 년1회 실시

1단계. 사전준비

2단계. 유해위험요인 파악

3단계. 위험성추정

4단계. 위험성결정

5단계.
위험성 감소 대칙수립 및 실행

허용 가능 위험 여부 — NO

YES

유해위험 정보의 게시

기록 관리 및 본사보고

위험성평가 단계별 내용

| 구분 | 내용 |
|---|---|
| 1단계 | 기초자료 수집 및 공정내용, 안전보건상 정보 등 작성 |
| 2단계 | 사업장 순회 점검으로 유해위험요임 파악 청취조사에 의한 유해위험요인 조사표 |
| 3단계 | 가능성 및 중대성 크기를 추정하여 위험성의 크기를 산출 |
| 4단계 | 추정된 위험성 크기가 허용가능한 지 여부판단 |
| 5단계 | 산업재해를 감소시키기 위한 대책을 수립하고 실행 |
| 기록관리 및 본사보고 | 사업장 유해 위험 정보 기록관리 및 게시 위험성 감소대책 수립 및 개선실행 결과보고 사업장별 위험성평가 결과 컨설팅 |

마다 사업장 위험성 평가를 자체적으로 실시하고 있다. SK텔레콤의 모든 사업장에서는 산업안전보건법에 따라, 각 사업장별 규모 및 업무특성 등을 고려해 안전관리 책임자의 관리와 지휘하에 현장 안전관리에 만전을 기하고 있다. 더욱 안전하고 쾌적한 작업 환경을 조성하고 구성원 및 협력회사 종사자가 안전보건에 관한 정책 및 주요 사안에 참여할 수 있도록 법적 요건에 맞는 회의체를 운영하고 있다. 또한 다양한 의견수렴을 위해 사내 구성원을 위한 인트라넷 전용 게시판과

협력회사 종사자 대상의 안전보건 게시판도 운영하고 있다.

구성원 건강 관리와 직업성 질환, 재해의 조기 발견/예방을 위해 매년 의무적으로 건강검진을 시행하고 있으며, 구성원의 자발적 건강 증진과 정서관리를 위한 다양한 프로그램을 진행하고 있다. 이러한 예방 조치에도 불구하고 직업성 질환 및 재해 발생 시에는 해당 질환 및 재해에 대한 산업안전 위험성 평가를 실시하여 발생 원인을 분석하고 근본적으로 제거하여 재발을 방지하고 있다.

| 프로그램 | 개요 |
|---|---|
| 건강검진 | 임직원 종합검진 지원, 구성원 가족(배우자, 자녀, 본인 및 배우자의 직계 존속 중 1인) 지원 |
| 진료비 | 임직원 및 가족 진료비 지원 |
| 건강증진 | 다양한 Un-tact 프로그램 연중 상시 운영(원격 피트니스, 다이어트, 명상, 식단/운동 코칭 등) |
| 정서관리 | 외부 상담기관을 통한 개인 전문 상담 '마음의 숲' 및 개인별 맞춤형 'Class 101' 강의 제공 |

SK텔레콤 전 임직원은 매년 반드시 안전교육을 이수하고 있으며, 이를 통해 사업장에서 발생 가능한 사고를 예방하고, 안전의식을 제고하고 있다. 또한, 도급사의 안전교육 현황을 면밀히 점검하고 파트너사 요청 시 교육자료와 장소를 제공하여 안전 최우선 경영을 실현해 나가고 있다.

| 구분 | 교육 내용 | 교육 시간 |
|---|---|---|
| 정기 안전교육 | 산업안전 및 사고 예방에 관한 사항 등 | 사무직 3시간/분기, 비사무직 6시간/분기 |
| 채용 시 안전교육 | 산업안전보건법 및 일반 안전관리에 관한 사항 등 | 채용 시 8시간 |
| 관리감독자 교육 | 작업 공정 유해·위험성 및 재해 예방대책 등 | 16시간/년 |
| 직무교육 | 안전보건관리책임자 직무교육 | 6시간/2년 |
| | 안전/보건관리자 직무교육 | 최초 34시간, 이후 24시간/2년 |

　아울러, 안전보건 활동 및 지도에 따를 수 있는 최소한의 역량을 갖춘 수급업체를 공정하게 선정하기 위해 수급업체 안전보건 수준평가를 시행하고 있다. 수급업체의 안전보건 관리 수준을 높이고 사전에 사업장의 유해·위험요인을 확인하여 산업재해가 발생하지 않도록 안전보건협의체 운영, 작업장 순회점검, 합동점검 등을 정기적으로 실시하고 있다.

　SK텔레콤은 중대재해처벌법 규제 환경에서 안전보건 체계 확립을 위한 이러한 노력을 인정받아, 산업보건 및 안전관리 경영시스템 국제 표준인 ISO45001 인증을 획득한 바 있다.

## ■ 중대재해처벌법 시행 배경

2022년 1월부터 시행된 중대재해처벌법은 사망자가 1명 이상 발생하는 등 중대재해가 사업장에서 생길 경우, 사업주나 경영책임자를 1년 이상 징역형 또는 10억 원 이하 벌금형에 처할 수 있도록 한 법이다. 중대재해처벌법에는 근로자의 근로환경을 개선하고 생명과 신체 보호를 위해, 사업주 또는 경영 책임자가 준수해야 할 안전보건 확보 의무가 명시되어 있다.

사업장 내 다양한 안전사고와 관련해서 산업안전보건법이 제정되어 시행되어 왔음에도 불구하고, 중대재해처벌법이 별도로 생긴 배경에 주목할 필요가 있다. 기존 산업안전보건법 대비 의무 주체, 보호 대상, 처벌 수준 등을 강화함으로써 발생한 중대재해와 관련 안전보건 확보 의무를 다하지 않는 사업주와 경영책임자를 처벌하고, 재해 방지에 대한 의무와 동기 부여를 한층 더 강화한 것으로 생각된다.

아울러, 50인 미만 사업장에 대한 법 적용은 2024년 1월로 미뤄지긴 하였으나, 중소기업 및 스타트업(신흥 벤처기업)들도 중대재해처벌법에서 규정하는 의무 사항 등에 대해 선제적으로 준비하고 대응할 필요가 있다.

# 07 구성원 행복 경영(S)_ 거점 오피스

SK텔레콤은 구성원이 기존 사무실뿐만 아니라 재택근무, 거점 오피스 등 다양한 근무 장소에서 자유롭게 일할 수 있는 'Work from Anywhere' 제도를 운영하고 있다. 이를 위해 클라우드 업무 시스템 구축 및 비대면 업무 Tool 활성화 등을 통해 원활한 Work from Anywhere 환경이 될 수 있도록 지원하고 있다. 구성원들은 개인 또는 업무 상황에 가장 적합한 근무 장소를 선택할 수 있게 되었으며, 회사 역시 코로나19 팬데믹 상황에 Work from Anywhere 제도를 선제적으로 시행함으로써 구성원의 건강과 안전을 보호하는 동시에, 차질 없이 업무를 진행할 수 있었다.

특히, SK텔레콤은 Work from Anywhere 제도를 더 강화하고 사무실과 동일한 업무 환경을 제공하기 위해 2022년 4월 신도림, 일산, 분당 등 수도권 세 곳에 거점 오피스인 '스피어(Sphere)'를 오픈하였다. 7

• '스피어' 일산 외관

월에는 워커힐 호텔에 워케이션(Work+Vacation · 일과 휴가의 합성어) 콘셉트
의 '스피어'를 열었다.

거점 오피스는 집에서 가까운 곳에 별도의 공간을 마련해 사무실을
대체하는 개념으로 출퇴근 시간 절약이라는 재택근무의 장점을 살리
면서 소통 부재에 따른 직원들의 정서적 단절감과 업무효율 저하라는
단점을 보완하는 공간으로 꼽힌다. 최근 글로벌 ICT 기업뿐만 아니
라 국내 기업들도 장소에 구애받지 않으며, 주도적인 분위기에서 업
무 능률을 높일 수 있는 방편으로 거점 오피스를 적극적으로 도입하
고 있다.

SK텔레콤의 거점 오피스는 단순히 공유 오피스를 임대하는 것에
그치지 않고, 다수의 구성원에게 행복 추구 가치를 제공하기 위해 별
도의 오피스를 확보하여 업무 공간의 새로운 원형을 제시하고자 하
였다.

SK텔레콤 거점 오피스 브랜드 명인 '스피어'는 사전적으로 구(球) 또는 행성(특히, 지구)을 둘러싸고 있는 층을 의미한다. 신도림, 일산, 분당 '스피어'는 수도권에 근무하는 약 4,300명의 거주지, 수요, 업무 특성을 고려해 선정하고 설계한 장소라는 점에 의미가 있다. 장소 선정 이전에 시행한 자체 설문조사 결과에 따르면 수도권에 근무하는 SK텔레콤 구성원의 하루 출퇴근 거리는 118.737km로 1년 동안의 누적 출퇴근 거리는 지구와 달을 40회 왕복하는 거리와 맞먹는다고 한다. 통근시간대 수도권의 대중교통 혼잡도와 구성원들이 경험해야 할 정신적·육체적 스트레스를 고려하면 내 집 앞의 업무 공간인 '스피어'가 구성원의 스트레스를 줄이고 행복을 증진시킬 수 있는 공간이 될 수

• SK텔레콤에 적용된 ICT 솔루션

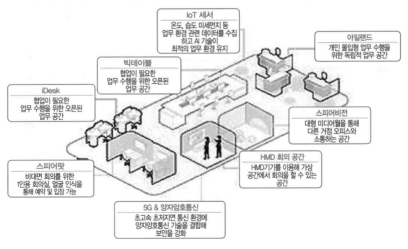

출처 : SK텔레콤 뉴스룸(news.sktelecom.com)

• '스피어' 일산의 아일랜드 좌석

출처 : SK텔레콤 뉴스룸(news.sktelecom.com)

있다.

'스피어' 곳곳에서 SK텔레콤의 ICT 기술도 쉽게 접할 수 있다. 5G 인빌딩, 양자암호 기술을 적용한 보안과 얼굴인식을 바탕으로 한 출입시스템이 대표적이며, iDesk와 같은 실험적인 솔루션도 경험할 수 있다. iDesk를 통해 개인 PC나 노트북 없이 스피어에 방문한 후 마이데스크 좌석에 앉아 얼굴 인증을 하면, 내가 세팅해 둔 업무 환경으로 편리하게 접속해 업무를 진행할 수 있다. 환경 센서도 설치되어 공간의 온도, 습도, 미세먼지, 유해물질, $CO_2$, 소음 등을 측정하여 구성원의 사용 형태를 학습하고 이를 분석해 더 나은 업무 환경을 제공할 수 있도록 진화하고 있다.

업무 시간을 구성원 스스로 세팅하고, 나아가 업무 공간과 좌석까지 선택할 수 있는 '스피어'의 업무 환경, 특히 다양한 업무 형태 및 상황별로 최적화된 좌석과 공간은 구성원의 자율성은 물론 업무 몰입도와 생산성을 높이고 있다.

2022년 9월 '스피어'가 오픈한 지 6개월이 지난 시점에 실시한 설문 조사 결과, 수도권 구성원의 46%가 '스피어'를 방문한 적이 있으며, '스피어' 이용자들의 통근 시간이 약 49분 감소한 것으로 조사되었다. SK텔레콤은 이처럼 많은 구성원들의 행복을 증진시키는 '스피어'를 점차 확대 운영할 계획이며, '스피어'는 구성원들의 업무 효율과 행복도를 높이고 혁신을 탄생시키는 공간으로 지속 발전할 예정이다.

## ■ 친환경 업무공간 '스피어'

SK텔레콤의 '스피어'에는 SK텔레콤이 추구하는 ESG 경영 기조가 담겨 있다. 집에서 가까운 '스피어'는 대기오염, 교통 체증 등 출퇴근 과정에서 필연적으로 발생하는 사회적 비용을 감소시키는 효과가 있다. 특히, '스피어'는 폐의류를 업사이클링한 소재를 활용해 가구나 벽체를 만들고 지능형 카메라가 사람이 없는 공간의 조명을 소등하는 등 공간 곳곳에 친환경적인 요소를 부여해 생활 속에서 ESG경영을 실천할 수 있도록 했다. 친환경적으로 설계된 '스피어' 신도림, 분당은 미국 그린빌딩위원회(USGBC)의 국제적 친환경 건축 인증제도 LEED*(Leadership in Energy and Environmental Design) 골드(Gold) 등급을 획득하였다.

* LEED(Leadership in Energy and Environmental Design)
: 국제적으로 가장 공신력 있는 친환경 건축물 인증제도
: 부여되는 인증은 LEED Certified, LEED Silver, LEED Gold, LEED Platinum으로 구분
: 기존 건축물의 경우 Gold가 가장 높은 수준으로 인정: 에너지, 수자원 절감, 탄소배출 저감 효과 등에 대해 설계/시공 과정에서 에너지 모델링과 입주 전 계측을 통한 평가/검증

# 08 이사회 중심 경영(G)_ ESG위원회

        기업의 ESG 이슈가 지속적이고 체계적으로 관리되기 위해서는 ESG 거버넌스 구축이 최우선 과제이며, 이러한 이슈들은 기업 내 최고 의사 결정기구인 이사회 내에서 다루어져야 한다. 이를 위해 최근 많은 기업들이 앞다투어 이사회 내 산하 위원회로 ESG위원회를 설치하여 운영하고 있다. 기업분석 연구소인 리더스인덱스가 자산 규모 2조 원 이상 상장사 169개사를 대상으로 실시한 조사 결과, 2021년 이사회 산하에 ESG위원회가 설치된 기업은 52%인 88개였으며, 이는 2020년 상반기 대비 2배 가까이 증가한 수치였다. 하지만 ESG위원회 설치에도 불구하고, 위원회에서 다룬 567개 안건 중 절반 이상이 의결 안건이라기보다는 보고 또는 검토 안건이었고, ESG와 직접적 연관성이 있는 안건은 약 31%로 나머지 안건은 일반 이사회에서 다뤄도 되는 일반적인 경영활동 비중이 높았다.

• 2021년 ESG위원회 안건 상정 현황

| 구분 | 지배구조 개선 | ESG 전략 | 환경 관련 | 사회공헌 | 기타 | 합계 |
|---|---|---|---|---|---|---|
| 안건 수 | 73 | 49 | 30 | 25 | 390 | 567 |
| 비중 | 13% | 9% | 5% | 4% | 69% | 100% |

출처 : 리더스인덱스

ESG가 트렌드로 부각됨에 따라 각 기업들이 기업 이미지 제고를 위해 급하게 ESG위원회부터 만든 모양새이다. ESG위원회가 형식적이 아니라 실제로 일하는 위원회가 되려면 어떻게 해야 할까? 톱-다운(Top-Down)을 통한 전사 실행력 확보 및 버텀-업(Bottom-Up)을 통한 ESG 어젠다의 지속 발굴을 통해 ESG위원회가 실질적으로 일할 수 있도록 힘을 실어줄 필요가 있다.

SK텔레콤 또한 2021년 5월 이사회 의결을 통해 '이사회 중심 경영' 강화를 위해 이사회 산하 소위원회를 ESG위원회 등 5대 위원회로 개편하여 강화한 바 있다. ESG위원회는 환경, 사회, 고객, 인권경영, 정보보안 등 ESG 주요 분야 추진 방향 및 성과 등을 논의하고 경영활동에 반영하고 있다. 2021년 5월 ESG위원회 신설 이후 매월 ESG위원회에서 주요 ESG 어젠다에 대해 논의를 진행하고 있으며, 11월 인권경영의 필요성에 대해 논의 후 바로 회사 내 인권경영TF를 신설하여 전사 인권경영을 LHC(Lead/Help/Check)하고 있다. 인권경영 조직화 및 추진 사례야말로 ESG위원회가 회사의 지속가능경영에 긍정적인 영향력을 미친 좋은 사례로 볼 수 있다.

• SK텔레콤 이사회 산하 위원회 현황

| 위원회 | 주요 역할 |
|---|---|
| 미래전략위원회 | 중장기 전략 방향성 논의<br>경영계획 및 투자계획 심의<br>KPI(핵심성과지표) 설정 및 평가 |
| 인사보상위원회 | CEO 후보 추천<br>CEO 연임 여부 심의<br>CEO 및 사내이사 보상 규모 적정성 검토 |
| 사외이사후보추천위원회 | 사외이사 선임 프로세스 구축<br>사외이사 최종 후보 추천 |
| ESG위원회 | ESG 주요 분야 추진 방향 및 성과 심의<br>ESG 의무 공시사항 등 심의<br>ESG 관련 이해관계자 커뮤니케이션 심의 |
| 감사위원회 | 감사보고서, 내부회계관리제도 관련 안건 의결<br>이사회에서 위임한 내부거래 의결<br>그 외 상법상 감사위원회 의결 필요사항 의결<br>회계 감사 계획 및 결과 논의 |

　　SK텔레콤 ESG위원회는 3인 이상의 이사 구성, 사외이사를 과반수로 하도록 규정하고 있으며, 2022년 사내이사를 ESG위원회 이사로 선임함으로써 회사 내 지속가능경영에 대한 실행력을 제고하고자 하였다. ESG담당조직에서는 국내외 주요 ESG 동향 파악 및 사내 조직/패밀리사 ESG 활동에 대한 월 단위 리포팅을 통해 주요 ESG 어젠다를 지속적으로 발굴하고 있다. ESG위원회는 이사회의 지속가능경영 책임과 역할을 확대하고, 장기적으로 기업 가치를 제고하기 위해 ESG 관련 중요 어젠다들에 대한 논의를 지속적으로 확대하고 있다.

• 2021년 SK텔레콤 ESG위원회 운영 현황

| 개최일자 | 의안 내용 |
| --- | --- |
| 5월 26일 | FY2020 Annual Report 주요 내용 심의 |
| 6월 14일 | 위원장 선임(안) (안정호)<br>SK텔레콤 ESG 추진방향 심의 |
| 7월 21일 | 2020년 사회적 가치 측정 결과 심의<br>ESG 스타트업 성장 지원 방향 심의 |
| 9월 28일 | SKT 2050 Net Zero Roadmap 100% |
| 10월 29일 | 2021년 동반성장 주요 성과 및 2022년 추진방향<br>2021년 고객가치혁신 추진경과 및 고객정보 투명성 제고 현황 |
| 11월 29일 | 2021년 SV 실행 성과<br>2021년 ESG 평가 결과 및 계획 |

## ■ ESG 거버넌스 구축 기준

SK텔레콤은 ESG위원회뿐만 아니라 이사회 산하 위원회도 운영의 투명성을 위해 위원회 규정을 준수하고, 국내외 ESG 평가기관 등 Financial Society에서 권고하는 이사회 및 위원회 기준을 충족시키고자 노력하고 있다. 각 기업들 또한 국내외 ESG 평가기관에서 권고하는 ESG 거버넌스 기준을 준용하여 ESG위원회를 비롯한 모든 위원회가 실질적인 역할을 수행할 수 있도록 ESG 거버넌스 구조를 만들어가는 것이 필요하다.

**\* ESG 거버넌스 구축을 위한 주요 기준(ESG 평가사 권고사항)**

| 구분 | 주요 내용 |
|---|---|
| 이사회 역할 및 활동 | 이사회 최소 참석률 기준 및 참석률 실적 공시<br>중대성, 비재무 리스크 검토<br>사외이사의 반대 또는 수정의견 제시 |
| 이사회 구성 | 산업 전문성 보유<br>대표이사와 의장 분리<br>이사회 내 사외이사 수(사외이사 비율)<br>여성 이사 수(여성 이사 비율) |
| 이사회 평가 및 보상 | 이사회 평가 실시 및 주요 정보 공개<br>(자기 평가 또는 제3자 평가)<br>사내이사 및 기타 비상무이사 개인별 연간 보수액의<br>사업보고서 공시<br>비재무성과의 이사 KPI 반영 |
| 위원회 역할 | 사외이사 후보군 관리(연 1회 이상)<br>최고경영자 승계 규정 마련 및 후보군 관리<br>사내등기임원의 보수체계 검토 |
| 위원회 구성 | 감사위원회/보상위원회/사외이사후보추천위원회의<br>독립성 보장(사외이사 구성 여부)<br>감사위원회 위원의 회계 또는 재무전문가 요건 충족 |

# 2
## PART

# ESG 경영 시스템 및 프로세스

# 01 ESG KPI 수립 및 관리_ 선한 영향력 확산

기업의 ESG경영이 일관된 방향으로 추진되기 위해서는 우선적으로 전사 ESG 추진방향이 수립되어야 한다. SK텔레콤도 2022년 3월 주주총회에서 'ESG 2.0'을 발표하며, SK텔레콤이 앞으로 어떤 방향과 계획을 가지고 ESG를 추진할 것인가에 대해 이해관계자들에게 투명하게 알린 바 있다.

이러한 큰 그림하에 전사의 모든 조직들이 ESG를 추진하기 위해서는 ESG 관련 교육, 캠페인 등을 통한 구성원 변화 관리와 인식 개선도 필요하지만, ESG 성과를 평가와 보상체계로 연계시키는 방법이 가장 효과적이다. 기업의 ESG경영 수준을 확인할 수 있는 지표 중 하나가 ESG와 경영진의 성과 평가 연계 여부이며, 이미 해외 주요 기업은 기업의 ESG 성과를 경영진의 보상체계에 도입하고 있다. ESG 성과와 경영자 보상을 연계하는 이유는 경영진이 ESG 활동에 적극 참

• SK텔레콤 ESG 추진방향 : ESG 2.0

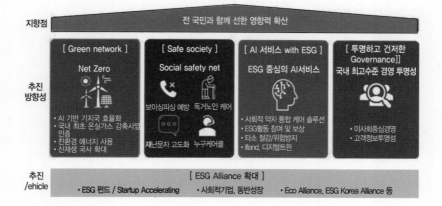

여하도록 동기를 부여하는 가장 직접적 수단이기 때문이다.

SK그룹은 2019년부터 CEO KPI(핵심성과지표)에 사회적 가치 창출 성과 등을 반영해 오고 있으며, SK텔레콤도 전사 및 사내 조직/패밀리사의 전 임원 KPI에 ESG를 반영하여 평가하고 있다. 전사 ESG KPI는 앞에서 얘기한 전사 ESG 추진 방향과 연계되어야 하며, 사내 조직과 패밀리사의 KPI는 전사 KPI와 연계되어 수립되어야 한다. 이를 위해 ESG KPI를 담당하는 실무부서는 전사 ESG KPI 수립 후 각 조

• 조직별 ESG KPI 수립 가이드라인(예시)

| 조직명 | ESG KPI 수립 영역 | | | | | |
| --- | --- | --- | --- | --- | --- | --- |
| | 사회적가치 창출액 | (E)탄소배출량 감축 | (S)사회적 난제 해결 | (G)Govermance 선진화 | ESG 경영개선 | 추가 요청과제 |
| | ● | | | | ● | |

직별로 필수적으로 반영해야 할 ESG KPI를 정리한 가이드라인을 만들어 배포한다.

각 조직들은 이러한 가이드라인을 바탕으로 ESG KPI를 수립하게 된다. 이후 ESG KPI를 담당하는 조직에서 정기적으로 성과 점검 및 평가를 진행하는데, 연말 최종 KPI 평가는 결과 평가와 과정 평가를 통해 확정된다. 결과 평가는 말 그대로 연초 수립한 KPI 목표를 달성했는지를 평가하여 점수화하는 것으로 통상 80점을 CbA(Challengeable but Achievable) 목표 수준 달성으로 간주한다. 과정 평가는 크게 ESG 전략 Alignment, 성과 Impact, ESG 내재화/참여도 등 세 가지 측면에서 진행한다. ESG 전략 Alignment는 단위조직의 ESG KPI가 전사 ESG 방향과 align되어 수립 및 추진되었는지, 성과 Impact는 창출한 KPI 성과가 어떠한 Impact가 있는지, ESG 내재화/참여도는 전사 ESG 사업이나 캠페인 등에 얼마나 적극적으로 참여하고 시너지를 창출했는지를 고려해 평가한다. 이러한 과정을 통해 점수화된 ESG KPI에 대한 최종 평가 결과는 연말에 ESG위원회 보고를 통해 각 조직별 성과 평가 및 보상 수준이 결정된다.

SK텔레콤은 ESG KPI 수립/관리 외에 매월 사내 조직과 패밀리사의 ESG 주요 활동을 취합/정리하여 경영층 보고 및 전사 공유를 함으로써 조직 간 ESG 협업과 실행력을 제고하고 있다.

# 02 ESG 성과 측정_ DBL 경영 본격화

현대 조직 및 경영학계의 가장 영향력 있는 사상가로 꼽히는 피터 드러커가 이런 얘기를 한 바 있다. "측정할 수 없으면 관리할 수 없다."

피터 드러커의 이 말은 계량적 데이터 관리가 얼마나 중요한지를 함축하고 있다. 가능하면 재무적 가치뿐만 아니라 비재무적 가치도 측정해야 함을 강조하고 있다.

SK텔레콤을 비롯한 SK그룹은 사회적 가치 창출 방법론의 일환으로 2018년부터 'DBL(Double Bottom Line)경영'을 본격화하고 있다. DBL 경영이란 기업의 경영활동 전반에서 사회적 가치와 경제적 가치 두 가지를 동시에 추구하는 것을 의미하며, 이를 위해서 사회적 가치를 측정하고, 사회적 가치 기반의 비즈니스 모델을 개발하고 있다. 사회적 가치(Social Value)의 사전적 의미는 경제적 가치뿐만 아니라 사회 ·

환경 · 문화 등 모든 영역에서 공공의 이익과 공동체 발전에 이바지할 수 있는 가치를 의미한다. 안전, 환경, 사회적 약자 배려, 양질의 일자리 창출, 상생협력, 사회통합 등을 포함하고 있는 개념이다.

그렇다면, 이러한 비재무적인 사회적 가치는 어떻게 측정하는 것일까? 사회적 가치 측정이란, 영업이익같이 기업이 창출한 경제적 가치를 재무제표에 표기하듯, 같은 기간의 사회적 가치 창출 성과를 화폐로 환산하여 관리하는 것을 의미한다. 사회적 가치를 측정하는 이유는 더 많은 사회적 가치를 만들기 위한 기준점을 설정하기 위함이고, 현재 발생되는 사회적 가치의 긍정적(+) 혹은 부정적(−) 영역의 규모를 구체적으로 파악하여 긍정적 영향은 확대하고, 부정적 영역은 개선하기 위한 목표를 설정하여 관리할 수 있다. 경제적 가치와는 다르게 사회적 가치는 아직 표준화된 측정 도구가 마련되어 있지 않기에, SK그룹은 외부 전문가들과의 공동 연구, 관계사 협의를 통해 사회적 가치를 화폐화해 측정하는 체계를 개발하고 사회적 가치의 객관적인 근거를 확보하기 위해 다양한 학계, 기관, 기업들과 함께 협업을 진행하고 있다. 바스프(BASF), 노바티스(Novartis) 등 20여 개 글로벌 기업 · 기관들과 함께 출범시킨 VBA(Value Balancing Alliance)는 현재 국제회계기준(IFRS), 세계경제포럼(WEF), 미국 하버드 경영대학원(HBS) 등과 협력하며 글로벌 측정 모델 개발에도 힘쓰고 있다.

사회적 가치를 측정하는 원칙은 크게 세 가지이다. 첫째, 측정할 수 있는 모든 기업 활동에서 사회적 가치를 측정해야 한다. 이는 사회적 가치 창출 의도와 상관없이 창출된 모든 사회적 가치를 측정해야 함을 의미하며, 경영활동 진행 과정에서의 긍정적(+) 가치뿐만 아니라 부정적(-) 가치도 측정해야 함을 뜻한다. 둘째, 경영활동의 실제적 결과(Outcome)를 측정해야 한다. 측정이 어려운 일부 영역을 제외하고 기업경영의 실제적 결과를 측정한다. 이는 사회적 가치 추구를 통한 수혜자의 삶에 일어난 변화를 의미하며, 궁극적으로는 사회적으로 일어난 변화인 Impact(영향) 측정을 지향한다. 셋째, 객관적이고 보수적인 기준을 적용하여 사회적 가치를 화폐가치로 측정해야 한다. 사회성과에 대한 화폐가치 환산은 객관적이고 보수적인 접근을 통해 타당성과 신뢰성이 높은 지표와 기준값을 적용해야 한다.

사회적 가치 측정 영역은 크게 4가지 분야로 나뉘며, SK텔레콤을 비롯한 14개 멤버사들은 2018년도부터 매년 사회적 가치를 측정하고 그 결과를 대외에 공표하고 있다.

· 경제 간접 기여성과 : 기업 활동을 통해 경제에 간접적으로 기여하는 가치
· 환경 성과 : 친환경 제품/서비스 개발, 생산, 판매를 통해 창출된 가치 및 생산 공정에서 발생된 환경 영향
· 사회 성과 : 삶의 질을 개선하는 제품/서비스 개발, 생산, 판매 및 노동 환경 개선과 동반성장, 지역사회 공동체에 대한 사회공헌 활동으로 창출된 가치
· 거버넌스 성과 : 다양한 이해관계자를 위해 투명하고 공정하며 책임 있는 의사결정을 위한 노력

• 사회적 가치 측정 영역

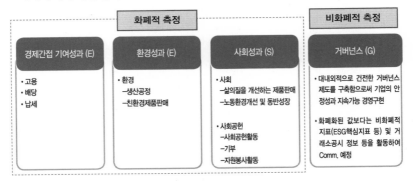

SK텔레콤은 2021년 한 해 동안 2조3,408억 원 규모의 사회적 가치를 창출했다. 2020년 1조9,457억 원 대비 20.3% 증가한 수치로 사회적 가치를 본격적으로 측정한 2018년 이후 최초로 2조 원을 돌파하였으며, 4년 연속 상승세를 이어가고 있다. 2021년 '경제 간접 기여성과'는 1조9,334억 원으로 전년 대비 16.6% 증가했고, '사회 성과'도 전년 대비 31.3% 증가했다. '환경 성과'는 5G 서비스 인프라 증설 등의 영향으로 △1,082억 원을 기록하며 전년 대비 2.8% 감소했다. 특히, 환경 성과는 5G망 등 지속적인 인프라 증설 투자로 인해 온실가스 배출량 증가가 불가피했지만, 장비 수 증가 대비 영향을 최소화하기 위한 에너지 효율화 노력을 통해 환경 공정 마이너스 총량 증가를 최소화했다.

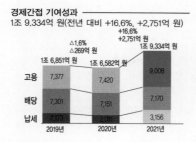

경제간접 기여성과
1조 9,334억 원(전년 대비 +16.6%, +2,751억 원)

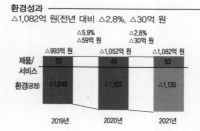

환경성과
△1,082억 원(전년 대비 △2.8%, △30억 원)

사회 성과
5,156억 원(전년 대비 +31.3%, +1,228억 원)

SK텔레콤은 사회적 가치 창출 노력뿐만 아니라 사회적 가치 측정에 대한 이해관계자의 이해도와 신뢰도 제고를 위해 2021년 사회적 가치 측정 주요 제품/서비스 화폐화 측정 산식을 그룹 홈페이지(sk.com) 및 SK텔레콤 뉴스룸(news.sktelecom.com)을 통해 공개한 바 있다.

SK텔레콤은 앞으로도 매년 매출의 10% 이상의 사회적 가치 창출을 목표로 SK텔레콤 본업과 연계한 ESG 활동으로 사회적 Impact를 더욱 확대할 계획이다.

• SK텔레콤 주요 제품/서비스 지표 산식

| 지표명 | 산식 |
|---|---|
| V2X 실시간 교통안전상황 알림 서비스를 통한 교통사고 예방 | 고속도로 급정거 알림 이용대수 x 고속도로 전체 이용대수 x 고속도로 차대차 교통사고 월간 인적 피해 비용 x V2X 알람에 의한 사고 경감 비율 x V2X 알람 메시지를 인지하고 운전에 반영할 비율 |
| AI 돌봄 서비스 제공을 통한 우울감 감소 | [(AI 돌봄 서비스 활용 이전 1인당 우울감 치료 월간 예상비용) - (AI 돌봄 서비스 활용 이후 1인당 우울감 치료 월간 예상비용)] x AI 돌봄 수혜자 총 이용 개월 수 |
| AI 돌봄 응급안전 서비스 제공을 통한 사회적 비용 감소 | 응급안전알림서비스의 월간 사회 편익 x AI 돌봄 수혜자 총 이용 개월 수 |
| 음성스팸 수신차단을 통한 보이스피싱 피해 예방 | (SKT음성스팸 차단율- 통신사 가중 평균 음성스팸 차단율) x 음성스팸 차단 건수 x 음성스팸 중 불법대출 전화비율 x 사고발생률(금융사기 피해 경험률x금융사기 중 보이스피싱 비율) x 보이스피싱 1건당 사회적 비용 |
| 범죄번호로의 발신 차단 서비스를 통한 보이스피싱 피해 예방 | 발신 차단 건수 x 금융사기 피해 경험률 x 보이스피싱 1건당 사회적 비용 |
| 전자발찌를 통한 범죄(성범죄/살인/강도) 예방 | (범죄유형별 기존 재범률-전자감독 제도 후 재범률) x 범죄유형별 사회적 예방비용 x 범죄유형별 전자발찌 대상자 |
| 범죄자 위치추적 서비스 고도화를 통한 강력범죄 검거 기간 단축 | (SKT 위치 추적 검거일 감소율-전체 통신사 위치추적 검거일 감소율) x 강력범죄 대응비용 x 위치추적 적용 범죄 중 경찰 중지요청 건수 |
| 1인가구 안부 살핌 서비스를 통한 고독사 및 위급사항 예방 | 서비스 이용 가구 수 x 응급안전 알림서비스 월간 편익 x 기여율(50%) |
| 비금융 데이터 신용평가 기반 금융서비스 제공을 통한 취약계층 금융 불평등 해소 | (기존 선지급 대출 이자율-SKT 선지급 대출 이자율) x 대출금액 x 평균 대출기간<br>(저축은행 개인신용대출 이자율-SKT 대출 이자율) x 대출금액 x 평균 대출기간 |
| 스마트헌혈앱 '레드커넥트'를 통한 헌혈사업 기여 | (레드커넥트 활용 헌혈자의 평균 헌혈 횟수 - 레드커넥트 미활용 헌혈자 평균 헌혈 횟수) x 레드커넥트 헌혈자 수 x 스마트 헌혈 1건의 가치 |
| NUGU 코로나 케어콜 & 백신 케어콜 서비스를 통한 국가방역체계 효율화 기여 | 케어콜 누적 통화 시간 x 보건소 9급 공무원 평균 시급 |
| EMS를 통한 에너지 절감 | 실제 EMS 에너지 절감금액-계약상 EMS 에너지 절감금액 |

| 지표명 | 산식 |
|---|---|
| EMS를 통한 온실가스 배출 저감 | GHG 감축량 x SCC(Social Cost of Carbon) |
| 해피해빗 환경 프로젝트를 통한 온실가스 배출 저감 | {(다회용컵 이용 횟수 x 일회용 플라스틱컵 1개당 탄소배출량)−(다회용컵 총 생산량x 다회용컵 1개의 탄소배출량)} x SCC(Social Cost of Carbon) |
| 해피해빗 환경 프로젝트를 통한 자원 절감 | (다회용컵 이용 횟수 x 일회용 플라스틱컵 자원 소비량 x 일회용 플라스틱컵 Eco−cost)−(다회용컵 총 생산량 x 다회용컵 1개의 자원소비량 x 다회용컵 Eco−cost) |
| 해비해빗 환경 프로젝트를 통한 영세 소상공인 소득 증대 | 해피해빗으로 인한 신규 유입 고객 매출액 x 음식업 부가가치율(%) |
| 유심카드 패키지 축소를 통한 폐기물 감소 | 유심 카드 판매량 x 플라스틱/종이/비닐 절감량 x 자원별 Eco−cost |
| 판매점용 전자신청서 도입을 통한 종이 절감 | 전자신청서를 통한 인쇄용지(A4) 절감 수 x 인쇄용지 중량 x 인쇄용지 Eco−cost |
| 모바일 전자증명 서비스 '이니셜(Initial)'을 통한 자원 절감 | 인쇄용지 절감 수 x 인쇄용지 중량 x 인쇄용지 Eco−cost |
| (행복커넥트) 리뉴폰, 에코폰, Re−work폰의 탄소배출 저감 | 리뉴폰, 에코폰, Re−work 1대의 탄소배출 저감 가치 X 각 판매 대수 |

## ■ 사회적 가치를 측정하기 위한 준비사항

각 기업이 하는 사업이나 서비스의 경제적 가치(EV)는 쉽게 측정할 수 있으나, 사회적 가치(SV)를 측정하기는 쉽지 않다. 이는 우리의 사업과 사회 문제를 연계시켜 생각하는 것이 익숙하지 않고, 설사 사회 문제와 연계시킨다 해도 사회적 가치 측정을 위한 프로세스나 기준값을 만드는 게 쉽지 않기 때문이다.

사회적 가치 측정을 위해서는 우리 회사의 사업이나 서비스가 전체 밸류체인 상에서 어떤 사회 문제 해결과 연관되어 있는지 찾는 게 우선이 되어야 하며, 또한 어떻게 연관시킬 것인지도 고민해야 한다. 궁극적으로는 사업/서비스 기획 단계부터 사회적 가치를 제고하기 위한 방향으로 기획되고 비즈니스 모델을 혁신하는 방향이 바람직하다. 이러한 비즈니스 모델의 혁신은 사회적 가치를 창출하는 신규 제품 및 서비스를 개발하거나, 기존 제품 및 서비스를 새롭게 정의하여 사회적 가치를 창출할 수 있는 구조로 변경하는 것 등을 포함하는 개념이다.

아울러 사회적 가치 측정 산식에 사용되는 기준값은 객관성/보수성 확보를 위해 회사에서 임의로 만든 데이터가 아닌 제3자가 인정한 객관적 데이터(논문, 정부 통계자료 등)가 적용되어야 함도 유념해야 할 점이다.

# 03 ESG 정보 공시_ 지속가능경영보고서

고객이나 투자자들이 기업의 지속가능경영 성과를 어떻게 알 수 있을까? 기업들은 신문기사나 기업 광고, 또는 DJSI나 MSCI 등 대외 ESG 평가 결과 등 다양한 방법을 통해 지속가능경영 성과를 알리고, 이해관계자들은 그 성과를 인식할 수 있을 것이다.

지속가능경영보고서 또한 기업의 ESG 성과를 잘 알리고, 어필할 수 있는 수단으로써 영향력이 점점 커지고 있다. 지속가능경영보고서의 역할을 정의한다면 크게 두 가지로 나눌 수 있다. 첫째는 투자자, 정부, 고객 등의 다양한 요구를 반영한 포괄적인 재무/비재무 공시 채널로서의 역할이다. 두 번째는 DJSI, MSCI 등 모든 ESG 평가가 공시자료를 근거로 평가함에 따른 ESG 평가 대응 수단으로서의 역할이다.

그렇다면 이런 효과적인 커뮤니케이션 수단으로의 지속가능경영보고서를 우리나라에선 얼마나 많은 기업들이 발간하고 있을까? ESG 정보공개 중요도 증가에 따라 지속가능경영보고서 발간 기업 또한 급증하고 있다. 2021년 기준 국내 상장사의 약 8%인 179개사가 보고서를 발간하여 2020년 143개사 대비 25% 증가하였다. 미국은 S&P 500 기업의 90%가 발간 중이라고 하니 모든 기업이 보고서를 발간하는 날이 머지않아 보인다.

정부/기관의 ESG경영 강조 움직임도 지속가능경영보고서 발간을 가속화하고 있다. 한국거래소는 2021년 1월 ESG 정보공개 가이던스를 제정하였으며, 산업통상자원부 또한 2021년 12월 K-ESG 가이드라인을 발표한 바 있다. 아울러 2030년부터 모든 코스피 상장사에 ESG 정보를 공시하도록 했다. 우선 2025년까지 지속가능경영보고서의 자율 공시를 활성화하고 2025년부터 2030년까지 자산 2조 원 이상 코스피 상장사로 확대하는 등 단계적으로 의무화할 예정이다.

• 지속가능경영보고서 도입 및 의무화 일정

| 구분 | 내용 |
| --- | --- |
| 1단계(~2025년) | 'ESG 정보 가이던스(거래소 제정)'를 제시하여 자율공시 활성화 |
| 2단계(2025년~2030년) | 일정 규모 이상(예:자산 2조 원 이상) 코스피 상장사 공시 의무화 |
| 3단계(2030년~ ) | 전체 코스피 상장사 공시 의무화 |

해외는 2021년 EU 중심의 공시 기준 통합이 본격화되어, 2024~2026년 각 국가별로 공시 의무화가 예상되며, 현재 20여 개국이 의무화하고 있다. 이러한 국내외 트렌드는 비재무적 성과지표인

• 지속가능경영보고서 개발 프로세스

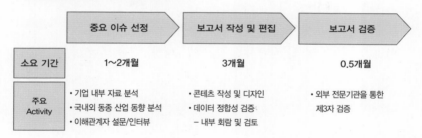

| | 중요 이슈 선정 | 보고서 작성 및 편집 | 보고서 검증 |
|---|---|---|---|
| 소요 기간 | 1~2개월 | 3개월 | 0.5개월 |
| 주요 Activity | • 기업 내부 자료 분석<br>• 국내외 동종 산업 동향 분석<br>• 이해관계자 설문/인터뷰 | • 콘텐츠 작성 및 디자인<br>• 데이터 정합성 검증<br>  - 내부 회람 및 검토 | • 외부 전문기관을 통한<br>  제3자 검증 |

ESG가 기업가치를 평가하는 주요 지표로 자리매김했다는 방증이다.

이처럼 점점 중요해지고 있는 ESG 정보 공시를 위한 지속가능경영보고서는 어떤 프로세스로 작성해야 할까? 지속가능경영보고서 개발은 첫째 중요 이슈 선정, 둘째 보고서 작성 및 편집, 셋째 보고서 검증의 3단계 절차로 진행된다. 기업마다 조금씩 차이가 있겠지만, 보고서 발간까지 보통 4~5개월이 소요되는데, 중요 이슈 선정에 1~2개월, 보고서 편집 및 검증에 3개월 정도 소요된다. SK텔레콤 또한 통상 전년도 보고서를 익년 1월부터 6월까지 작성해 발간하고 있다.

보고서 개발의 첫 단계는 보고서에 포함될 기업의 중요 이슈를 선정하는 것이다. 중요 이슈 선정은 이해관계자의 주요 관심사항에 대해 기업이 어떻게 대응하고 있는지를 보여주는 가장 중요한 단계이다. 기업전략 보고서, 조직별 KPI 등 기업 내부 자료 분석, 국내외 동종 산업 동향 등 외부 환경 분석, 이해관계자 설문과 인터뷰 등의 절차를 통해 중요 이슈를 선정하게 된다.

중요 이슈를 반영하기 위해 이슈의 중대성에 대해 다각적으로 분석하게 된다. 내/외부 환경 분석 및 이해관계자 인터뷰 등을 통해 선정된 중대성 평가 대상 이슈를 사회적 관심도와 비즈니스 영향도를 고려하고, 재무적 영향, 전략적 영향, 운영 영향, 평판 영향 등의 기준을 설정하여 평가하게 된다. 이렇게 도출된 이슈들은 지속가능경영보고서의 핵심 주제가 되며, 회사의 지속가능경영 지향점과도 연결되어야 한다.

중요 이슈를 도출하기 위해 이슈 Pool에 있는 여러 이슈들과 GRI, ISO26000, UNGC(UN Global Compact) 등의 국제 표준과 산업별 특성을 반영한 SASB(Sustainability Accounting Standards Board)와의 연관도를 분석하는 과정도 진행한다. 예를 들어, UN Global Compact는 인권, 노동 등의 사회적 책임 원칙에, TCFD는 기후변화와 관련된 법적 책임 및 재무 정보 공시에 특화되어 있는 등 국제 표준별로 고유한 특성을 가지고 있어서 다양한 국제 표준과 연관도를 분석해야 한다.

국제 표준 분석뿐만 아니라 미디어 분석도 진행한다. 신문, TV 뉴스 등 100여 개 언론사에 노출된 SK텔레콤의 주요 이슈들의 빈도를 파악하는 미디어 분석 또한 중요 이슈 도출을 위한 필수 과정이다. 분야별로 이슈를 구분하여, 긍정적 기사인지, 부정적 기사인지 분석을 진행하게 된다. 특정 기간 미디어에 많이 노출된 이슈일수록 이해관계자들의 관심도가 높고 중요한 이슈로 선정할 수 있다.

뿐만 아니라 회사 내부 자료 분석도 진행하는데, 전사 경영계획이나 각 조직의 사업계획 자료 등의 분석을 통해 어떤 이슈가 중요한 이슈인지 확인하는 절차가 필요하다.

마지막으로, 동종 산업의 글로벌 우수기업 보고서 발간 현황 및 이슈를 파악하여 글로벌 기업들은 어떠한 이슈를 주요 이슈로 보고 있는지 시사점을 도출하고, SK텔레콤에도 해당되는 이슈가 있는지 비교 분석해 보고서에 반영한다.

중요 이슈가 선정되면 보고서 작성 및 편집 단계로 넘어간다. 이해관계자들이 보고 내용을 쉽게 이해할 수 있도록 보고서 기획과 콘텐츠 작성 및 디자인이 진행된다. 콘텐츠 작성 후 데이터 정합성 검증을 위한 내부 검토 및 회람 또한 중요한 절차다.

지속가능경영보고서는 기업의 지속가능경영 제도적 기반 정보와 성과 창출 정보를 모두 포함해야 하기 때문에 관련 콘텐츠를 종합적으로 작성해야 한다. 지속가능경영 제도적 기반 정보에는 추진 전략과 이를 위한 조직 구성, 정책과 프로세스 등 운영체계가 포함된다. 성과 창출 관련 정보에는 지향점 달성을 위한 세부 목표와 추진 활동, 목표 대비 성과 등이 콘텐츠에 포함되어야 한다. 기업의 지속가능경영 전략, 조직, 활동, 목표 및 성과에 대한 종합적인 정보가 포함되어야 내용이 충실한 보고서라 할 수 있다.

보고서 작성 및 편집 중간중간 콘텐츠 수급 및 정합성 검증을 위해 작성 원고에 대해 수차례 내부 회람과 검토가 진행되어야 한다. 최종 완성본은 보고서 발간 전에 작성 방향과 주요 콘텐츠에 대해 이사회 산하 ESG위원회 및 CEO에게 최종 보고되어야 한다.

마지막으로, 보고서의 객관성 및 신뢰성 확보를 위해 외부 전문기관을 통한 제3자 검증 또한 중요한 프로세스이다. 보고서가 국제 공시기준인 GRI 스탠더드 등의 국제 기준을 준수하여 작성하였는지 점검함으로써 이해관계자들에게 신뢰성 높은 정보를 제공할 수 있게 되며, 이해관계자들이 투자 등 효율적인 의사결정을 할 수 있는 판단 근거가 된다. 보통 제3자 검증의견서를 보고서의 첨부 내용에 포함함으로써 보고서의 객관성 및 신뢰도를 높이고 있다.

이러한 절차에 따라 SK텔레콤 또한 2013년부터 재무 정보를 다루는 연차보고서와 비재무 정보를 다루는 지속가능경영보고서를 결합한 통합보고서 형태로 보고서를 발간하고 있다.

2016년부터 Global New ICT Company 콘셉트 기반의 스토리를 전개하고 있으며, 2021년 보고서는 기존 '5G'와 '미래로의 전환'을 넘어, 'SKT 2.0' 시대를 맞아 시공간이 확대된 새로운 세계를 탐험하는 'New World Explorer'라는 테마로 2022년 6월 보고서를 발간했다.

2021년 보고서는 분할 및 비즈니스 모델 재편, ESG 영역별 주요 활동 및 성과, 산업 특성 이슈에 대한 Special Report 등 핵심 이해관계자의 요구를 반영하여 목차를 구성하였다. 특히 2021년 발간 보고서부터 지속가능경영 지향점 및 ESG 추진방향을 추가하여 ESG경영 실천의지를 강조하였으며, 목차 또한 ESG 영역별로 재구성함으로써 ESG 추진활동과 성과를 조금 더 명확하고 가시적으로 보일 수 있도록 구성하였다. 아울러, 보고서 첨부에 비재무제표 등 각종 정량 데이터 공시 강화를 통해 보고서의 객관성을 확보하고, 외부 ESG 평가에 효율적으로 대응하고자 했다.

SK텔레콤은 매년 보고서 공시를 통해 모든 이해관계자들과 투명

• 2021년 SK텔레콤 보고서 목차(2022년 6월 발간)

**❶ Hyper-Digital Era**

− SKT & SK스퀘어 분할
− SKT 2.0 시대 개막
− 5대 사업군 소개

**❷ Business Overview**

− 회사 소개
− CEO 메시지
− 비즈니스 모델
− 지속가능경영 지향점

**❸ Evolution of New SKT**

− 경제가치 창출
− 중대성 평가
− 이해관계자 참여
− 기후변화 대응
− Social Value 창출
− AI & Digital Infra 확장

**❹ Special Report**

− Digital Responsibility
 · 사이버 보안
 · 개인정보보호
 · 아동, 청소년 개인정보
  보호
− Physical Responsibility
 · 산업안전보건

**❺ Sustainability Management**

− Environment
 · 환경경영
− Society
 · 구성원/인권경영/
  공급망/고객/사회공헌
− Governance
 · 지배구조/리스크 관리/
  윤리경영/컴플라이언스

**❻ Appendix**

− 재무제표
− 비재무제표
− Index
 GRI/SASB/TCFD
 산업특화지표/UNGC
 UN SDGs
− About this report

하게 커뮤니케이션을 하고 있을 뿐만 아니라, 국내 통신사 중 유일하게 DJSI 월드지수에 편입되고, 기후변화 대응 평가인 CDP(Carbon Disclosure Project)에서도 최고 등급을 획득하는 등 큰 성과를 거두었다. 이 같은 성과를 인정받아 2021년 지속가능경영 정부 유공 포상에서 SK텔레콤은 대통령 표창을 수상한 바 있으며, 이때도 지속가능경영 보고서를 필수 근거 자료로 제출했다. 이처럼 ESG 성과를 보고서에 담는 것도 중요하지만, 가능하면 평가기관이나 심사기관에서 요구하는 기준에 맞춰서 내용을 작성하고 공시하는 것도 중요하다.

■ 웹리포팅으로의 전환

지속가능경영보고서는 다양한 이해관계자 중 특히, 투자자들에게 정보를 제공하는 공시 채널로 중요한 역할을 하고 있다. 이러한 투자자들의 실시간 요구에 대응하기 위해 최근 1년에 한 번 책자 형태로 발간하던 지속가능경영보고서가 홈페이지 중심의 웹리포팅(Web-reporting)으로 발전하고 있다.

기업들은 다양한 ESG 평가에 대응하기 위한 목적으로 홈페이지에 웹리포팅 플랫폼을 구축하기도 한다. 각 기업의 공시 데이터를 기반으로 ESG 평가가 진행됨에 따라 연중 내내 ESG 공시 데이터를 업데이트하고 관리해야 하는 일이 많아지고 있는 것이다.

유럽과 미국은 우리보다 빨리 웹리포팅이 도입되면서 많은 기업들이 웹리포팅을 공시 채널로 활용하고 있다. 우리가 잘 알고 있는 마이크로소프트(www.microsoft.com/en-us/sustainability), 메타(옛 페이스북 sustainability.fb.com/) 등도 웹리포팅 플랫폼을 통해 다양한 ESG 정보를 공시하고 있다.

국내 기업의 경우 당장 웹리포팅으로의 전환보다는 책자 형태의 지속가능경영보고서와 웹리포팅 형태의 온라인 보고서가 병행할 것으로 예상된다. 하지만 투자자들과 ESG 평가사들의 요구사항에 실시간 대응이 점차 중요해짐에 따라 공시 플랫폼 또한 책자 형태에서 웹리포팅으로 전환하는 것도 기업 입장에서 고려해볼 만한 포인트가 될 것이다.

# 04 ESG 평가 대응_ 기업가치의 중요 기준

각 기업의 ESG 평가 등급은 외부 투자자들 등 이해관계자들이 어떤 기업이 ESG를 잘하고 있는지 알 수 있는 가장 단편적인 방법이다. 재무제표와 주가뿐만 아니라 비재무 요소로서 ESG 평가가 점점 기업가치 평가의 중요한 기준으로 인식되고 있기 때문이다.

지금까지 국내외에서 발표된 ESG 평가 지수만 200여 개로 추산되고 있으며, 글로벌 연구기관부터 국제기구까지 각자의 방식대로 만든 ESG 평가 기준을 내놓고 있다. 글로벌 ESG 평가는 공통적으로 투자자들에게 투자 정보 제공과 기업의 리스크 점검 및 관리를 주요 목적으로 한다. 실례로, 글로벌 신용평가기관인 무디스, 피치 등에서는 각 기업의 ESG 평가 결과를 신용등급에 반영하기도 한다. 하지만, 수많은 ESG 평가가 있지만, 평가 간 연관도가 떨어져 기업들이 모든 평가를 대응하기는 어려운 것이 현실이다. 실제로 State Street Global

Advisors 조사에 따르면 MSCI와 DJSI(RobecoSAM) 평가점수 상관계수가 0.48에 불과하고, 2021년 전경련 조사에 따르면, 국내외 주요 ESG 평가기관 간 평가등급 격차가 큰 것으로 조사됐다. 예를 들어 A사는 MSCI 등급이 CCC이지만, KCGS 등급은 BBB인 것이다. 가장 큰 이유는 평가기관별로 평가항목, 기준 등이 상이한데 기인하겠지만, 기업들이 여러 가지 여건상 모든 평가에 똑같이 적극적으로 대응할 수 없다는 점에서 이런 격차가 생길 수도 있다. 이 같은 이유로 ESG 평가를 대응하는 기업들 입장에선 어떤 평가 대응에 힘을 써야 하는지 고민이 생길 수밖에 없다.

• ESG 평가별 ESG 점수 상관계수

| 구분 | MSCI | Sustainalytics | DJSI | Bloomberg |
|------|------|----------------|------|-----------|
| MSCI | 1 | 0.53 | 0.48 | 0.47 |
| Sustainalytics | | 1 | 0.76 | 0.66 |
| DJSI | | | 1 | 0.68 |
| Bloomberg | | | | 1 |

출처 : State Street

그렇다면 'ESG 평가에 대해 대응을 해야 하는가'라는 근본적인 질문이 나올 수도 있다. 물론, 평가기관마다 평가 방식이 다르기 때문에 기업들이 평가에 대응하는 방식도 다를 수 있다. 각 기업들의 공시 자료를 근거로 일방적인 평가도 있고, 평가 문항에 대해 기업들이 답안을 작성하여 제출하는 평가 방식도 있다. 답안을 작성해야 하는 평가는 질문에 적합한 답을 작성하는 게 가장 중요한 요소이기 때문에 기업들은 답안 작성에 정성을 기울여야 하고, 평가기관이 공시 자료를 근거로 하는 평가도 기업들이 평가 결과에 대해 소명을 할 수 있기 때문에 대응이 필요하다. 모든 ESG 평가의 근거가 되는 지속가능경영 보고서, 홈페이지 등을 통한 정보 공시가 평가 대응의 기본이라고 할 수 있다.

SK그룹은 2021년부터 SK멤버사들의 ESG 경영 수준 제고를 위해 공통 핵심지표를 선정하고 이를 체계적으로 관리하기 위한 시스템을 구축하였다. 2022년부터는 핵심지표의 개선목표 달성도가 각 멤버사들의 전사 ESG KPI에 반영되어 그 중요성이 더욱 커졌다. SK그룹 ESG 핵심지표는 Financial Society, ESG 공시/평가 기관 등 이해관계자들의 ESG 요구사항 분석을 통해 SK멤버사들의 개선이 필요한 총 34개 지표, 100개의 세부 관리 항목을 도출하였다. 환경 영역은 온실가스, 기후변화, 폐기물 등 11개 지표와 48개 관리 항목, 사회 영역은 구성원 안전, 협력사 동반성장 등 13개 지표와 32개 관리 항목, 지배구조 영역은 이사회 구성, 반부패 관리 등 9개 지표와 20개 관리 항목으로 구성되어 있다. 그룹 ESG 핵심지표의 평가는 SK그룹 SV위원회 주관으로 분기 단위로 진행되며, 동일 산업군 내 글로벌 Peer 기업들과의 ESG 수준 차이를 비교하는 Peer 비교평가와 글로벌 Top-tier 도달을 위한 연도별 목표 달성 정도를 평가하는 목표 달성도 평가로 이루어진다. 평가 결과는 분기 단위 ESG 성과 리포트로 작성되어 각 멤버사 경영층 및 이사회에 보고되어 객관적인 ESG 수준 파악 및 개선

• SK그룹 ESG 핵심지표 항목

| 환경 | | |
|---|---|---|
| **지표(11)** | **필수 공시 항목(48)** | |
| | **공시 관리(31)** | **평가 관리(17)** |
| 일반에너지 소비 | 총 에너지 소비량<br>직접 에너지원별 소비량<br>간접 에너지원별 소비량 | 총 에너지 소비량(원단위) |
| 재생에너지 소비 | 총 전력소비량<br>총 재생에너지 소비량<br>재생에너지원별 소비량<br>조달방식별 RE 소비량 | 재생에너지 사용 비율 |
| 온실가스 배출 | 온실가스 목표 배출량<br>온실가스 감축 실적<br>총 온실가스 배출량<br>Scope1 배출량<br>Scope2 배출량<br>Scope3 배출량 | 관련 정책/목표/성과<br>온실가스 감축 목표 달성(%)<br>총 온실가스 배출량(원단위) |
| 기후변화 대응<br>(TCFD 공시) | | 관련 정책/전략/성과 |
| 환경오염 방지 | 환경오염관리시설 및 모니터링<br>시스템 현황<br>환경기술 및 교육지원 현황<br>국내외 환경법규 위반 현황 | |
| 대기오염물질 배출 | NOx 배출량<br>SOx 배출량<br>먼지 배출량<br>VOC 배출량 | NOx 배출량(원단위)<br>SOx 배출량(원단위)<br>먼지 배출량(원단위)<br>VOC 배출량(원단위) |
| 폐기물 발생 | 총 폐기물 발생량<br>폐기물 유형별 발생량 | 총 폐기물 발생량(원단위) |
| 폐기물 재활용 | 총 폐기물 재활용량 | 폐기물 재활용률 |
| 용수 소비 | 총 용수 취수량<br>취수원별 용수 취수량<br>수자원 민감 지역 용수 취수량 | 총 용수 취수량(원단위) |
| 용수 재활용 | 총 용수 사용량<br>총 용수 재활용량 | 총 용수 재활용 비율 |
| 수질 오염물질 배출 | COD 배출량<br>BOD 배출량<br>T-N 배출량 | COD 배출량(원단위)<br>BOD 배출량(원단위)<br>T-N 배출량(원단위) |

| 사회 | | |
|---|---|---|
| **지표(13)** | **필수 공시 항목(32)** | |
| | **공시 관리(18)** | **평가 관리(14)** |
| **구성원 현황** | 전체 구성원 수<br>구성원 비율<br> - 성, 연령, 정규/비정규<br>신규채용 구성원 수<br>장애인 구성원 수<br>여성 임원 비율<br>여성 임원 수 | 장애인구성원 비율 |
| **구성원 안전** | 구성원 유형별 LTIR<br> - 내부/협력사 직원<br>근로손실재해건수<br> - 내부/협력사 직원<br>구성원 사망률<br>구성원 사망 건수 | 관련 정책/목표/성과<br>근로손실재해율(LTIR) |
| **구성원 건강** | 구성원 직업성 질환 발생률(OIFR)<br>구성원 직업성 질환 발생건수 | 관련 정책/목표/성과 |
| **구성원 인권** | | 관련 정책/목표/성과 |
| **구성원 역량 개발** | 구성원 교육 시간(HRD) | 관련 정책/목표/성과 |
| **일과 삶의 균형** | | 관련 정책/목표/성과 |
| **제품/서비스 SV** | | 제품/서비스 SV 창출액 |
| **제품/서비스<br>안전 및 품질** | 제품/서비스 안전 관련<br>법규 위반 건수 | 관련 정책/목표/성과 |
| **기업 데이터 및<br>고객 정보 보호** | 기업 데이터 및 고객 정보 유출<br>건수 | 관련 정책/목표/성과 |
| **협력사 동반성장<br>지원** | | 관련 정책/목표/성과 |
| **협력사 ESG 리스크<br>관리** | ESG 리스크 평가 협력사수<br>개선조치 이행 협력사 비율 | 관련 정책/목표/성과 |
| **지역사회 지원** | 봉사활동 참여 구성원 비중 | 관련 정책/목표/성과 |
| **SE 생태계 지원** | | 관련 정책/목표/성과 |

| 지배구조 | | |
|---|---|---|
| **지표(9)** | **필수 공시 항목(20)** | |
| | **공시 관리(9)** | **평가 관리(11)** |
| 경영진 성과평가 및 보상 | 보상위원회 설치 및 운영 현황 | ESG 기반 경영진 성과평가/보상 제도 관련 정책/목표/성과 |
| 이해관계자 ESG 니즈 파악 | | 관련 정책/전략/성과 |
| ESG 기반 Biz 포트폴리오 전략 및 프로세스 | | ESG 기준 적용 신사업/투자 정책/목표/성과 |
| 이사회 구성 및 운영 | 이사회 운영 현황<br>이사회 보수 정책<br>이사회 평가 현황<br>사외이사후보추천위원회 설치/운영 현황 | 이사회 다양성/전문성/독립성 정책/목표/성과<br>여성 이사 비율<br>이사회 내 ESG 논의 관련 정책/목표/성과 |
| 감사위원회 운영 | 감사위원회 설치/운영 현황 | |
| 주주가치 제고 | 주주 권리 보호 정책<br>주주 환원 정책 | |
| 반부패 관리 | 반부패 관련 규제 위반 건수 | 반부패를 위한 정책/목표/성과<br>구성원 반부패 교육 관련 정책/목표/성과 |
| ESG 정보 공시 | | 핵심지표 공시율<br>자회사/손자회사 ESG 관리 |
| 글로벌 파트너십 참여 | | ESG 관련 글로벌 파트너십 참여 관련 정책/목표/성과 |

활동에 활용되고 있다.

SK텔레콤은 이와 같은 그룹 ESG 핵심지표와 자체 개선 과제의 추진을 ESG 평가 결과로 연계하고자 노력하고 있다. 수많은 국내외 ESG 평가 중 SK텔레콤은 DJSI, MSCI, KCGS ESG 평가에 집중적으로 대응하고 있으며, 평가별 주요 특징 및 대응 방안은 아래와 같다.

## DJSI(Dow Jones Sustainability Index)

DJSI는 세계 최대 금융정보 제공 기관인 미국 '다우존스(Dow Jones)'사와 스위스 국제투자회사 '로베코샘(RobecoSAM)'사가 공동개발한 지속가능 투자지수로 기업의 경제적 성과뿐만 아니라, 환경 및 사회적 지속가능성을 평가한 결과를 매년 발표한다. 각 기업들의 평가 대응은 매년 4~6월 진행 되며, 불가피하게 기한 연장이 필요하면 S&P Global에 메일로 기한 연장 요청을 하여 받아들여질 경우 대응 기간을 연장할 수 있다. 다른 ESG 평가와 차별되는 특징은 제공되는 질문지에 답변한 내용을 기반으로 평가가 진행된다는 점이다. MSCI나 KCGS는 공시 자료 기반으로 평가기관에서 먼저 평가를 하고, 평가 결과에 대해 기업들이 소명하는 프로세스인 반면, DJSI는 앞에 얘기한 대로 주어진 질문지에 대해 기업이 근거자료와 함께 답을 작성하여 제출하면 평가사에서 답변을 검토 후 평가가 진행되는 점이 차이다.

DJSI 평가는 동일 산업군 내 기업 간 지속가능경영 성과를 비교하여 평가하는 방식으로 이루어진다. 지속가능경영 성과가 우수해도 기업의 유동시가 총액에 따라 편입이 되는 지수가 달라질 수 있다는 점도 평가 대응 시 유념해야 한다. DJSI World 지수는 유동시가 총액 기준 글로벌 상위 2,500개 기업 대상, DJSI Asia Pacific 지수는 아시아/오세아니아 지역 상위 600대 기업 대상, DJSI Korea 지수는 국내 상위 200대 기업을 대상으로 평가를 한다. 이러한 이유로 아무리 평가 점수가 높더라도 기업의 유동시가 총액이 낮으면 DJSI World 지수에 편입할 수가 없다. 2021년 평가 결과를 보면 DJSI World 지수에는 글로벌 2,544개 평가 대상 기업 중 12.7%인 322개 기업만 편입되었다. Asia Pacific 지수에는 평가 대상 609개 기업 중 25.1%인 153개 기업이 편입되었고 Korea 지수에는 203개 평가 대상 기업 중 21.2%인 43개 국내 기업이 편입된 바 있다.

• DJSI 평가 대상 및 지수 편입 기준

| 지수 | 평가 대상 | 편입 기준 |
|---|---|---|
| DJSI World | 전 세계 유동시가 총액 2,500대 기업 | Best In Class 상위 10% |
| DJSI Asia Pacific | 아시아 유동시가 총액 600대 기업 | Best In Class 상위 20% |
| DJSI Korea | 국내 유동시가 총액 200대 기업 | Best In Class 상위 30% |

DJSI 평가 항목은 61개 산업별로 공통 평가 항목과 산업별 특화된 평가 항목으로 구성되어 있다. 지배구조 및 경제 영역에선 Corporate Governance, Materiality, Risk & Crisis Management 등의 평가 항목

이, 환경 영역에선 Environmental Reporting, Environmental Policy & Management Systems, Operational Eco-Efficiency 등의 평가 항목이, 사회 영역에선 Social Reporting, Labor Practice Indicators, Human Rights 등의 기본적인 평가 항목이 공통 평가 항목으로 구성되어 있다. 산업별 특화 평가 항목은 각 산업에 중대한 영향을 끼치는 이슈가

• DJSI 평가 항목 및 비중 변화(통신산업)

| Governance & Economic Kimension | 37 | −10 |
|---|---|---|
| Corporate Governance | 8 | 0 |
| materiality | 2 | 0 |
| Risk & Crisis Management | 5 | 0 |
| Business Ethics | 7 | 0 |
| Policy Influence | 2 | 0 |
| Supply Chain Management | 4 | 0 |
| Tax Strategy | 2 | 0 |
| Information Security / Cybersecurity & System | | 0 |
| Availability | 3 | 0 |
| Innovation Management | 2 | 0 |
| network Reliability | 2 | 0 |
| Environmental Dimension | 21 | 1 |
| Environmantal Reporting | 3 | −1 |
| Environmental policy & Management Systems | 5 | 0 |
| Operational Eco-Efficiency | 7 | 0 |
| Climate Strategy | 5 | 0 |
| Bildiversity | 2 | |
| Social Dimension | 42 | 9 |
| Social reporting | 3 | −1 |
| Labor Practice indicators | 4 | 0 |
| human Rights | 4 | 0 |
| human Capital Development | 6 | 0 |
| Talent Attraction & Retention | 6 | 0 |
| Corporate Citizenship & Philanthropy | 3 | 0 |
| Occupational health & Safety | 3 | 0 |
| Stakeholder Engagement | 3 | 0 |
| Customer Relationship Management | 5 | 0 |
| privacy Prothection | 5 | 0 |

출처 : S&P Global, Weights Overview : Telecommunication Services

• DJSI 평가 Assessment Focus

| Assessment Focus | Icons | Description of Information Sought |
|---|---|---|
| Disclosure/Transparency | | Disclosure of qualitative/quantitative information |
| Documents | | Document supporting company's response |
| Public Documents | | Publicly available document supporting company's response |
| Exposure/Coverage | | Coverage of measures implemented or data reported |
| Trend | | Trend of key indicators inthe last three or four years |
| Performance | | Performance of key indicators in comparison to our expected threshold |
| Awareness | | Awareness of internal and external issues and measures taken |
| External Verification | | Third party verification of data or processes |

출처 : S&P Global, CSA Companion 2022

반영되는데, 예를 들어 항공업의 사회 영역 평가 항목에는 Passenger Safety란 평가 항목이 4%의 가중치로 포함되어 있고, 통신업은 지배구조 및 경제 영역 평가 항목에 Network Reliability란 특화 평가 항목이 2%의 가중치로 포함되어 있다.

각 산업 및 ESG 각 영역별로 세부 평가 항목에 따라 가중치가 설정되며 평가에 반영된다. 매년 지속가능경영 이슈가 변경됨에 따라 질문 항목 및 평가 기준도 변경된다. 2022년 환경 영역에 새롭게 질문 항목으로 추가된 'Biodiversity(생물다양성)'나 평가 기준이 강화된 'Occupational Health & Safety(안전보건경영)'가 대표적인 사례다.

아울러, DJSI 평가는 2020년부터 총점, 각 영역별 점수, 평가 항목별 점수뿐만 아니라 하위 질문 레벨의 평가 점수까지 공개하여 평가 활용 주체로부터 신뢰도를 높이고 있다.

평가기관별로 다양한 평가 기준을 보유하고 있으며, 기업 및 평가 담당자는 각 평가기관의 평가 기준에 대한 분석을 통해 평가 항목별로 중요하게 평가하는 요소들을 이해하고 있어야 한다. DJSI 평가도 평가 항목별로 평가 시 중요하게 생각하는 포인트를 아래와 같이 아이콘으로 표시하고 있으니 평가 대응 시 참고해야 한다.

예를 들어 반드시 공시가 되어야 하는 항목들은 공시 주소를 작성해야 하며, 3년 또는 4년간의 정량적 수치의 추세를 중요하게 보는 평가 항목도 있으며, 동종 산업의 타사 대비 상대 평가가 되는 평가 항목도 있다. 이처럼 평가 항목별로 요구하는 주요 평가 기준에 맞게 답변을 작성해야 높은 점수를 받을 수 있다.

2022년 평가부터 프로세스가 변경되어 DJSI 평가 점수는 10월 중, 지수 편입 결과는 12월 초에 발표 된다. 평가 점수 발표 후 각 기업은 3개 세부 문항의 평가 결과에 대해 소명이 가능하며, 재평가 요청 항목 리스트 및 소명 내용을 작성하여 S&P Global에 메일을 송부하면 된다. 소명 내용 검토 후 각 기업의 최종 점수가 확정되며, 이를 근거로 12월 초에 지수 편입 결과가 발표된다.

지수 편입 발표 이후 S&P Global을 통해 본인 기업의 Company Benchmarking Report(CBR)를 구매할 수 있으며, 평가 항목별로 어떤 부분이 부족했는지 분석해 개선 과제를 도출하고 차년도 평가를 위해 미리 준비할 수 있다.

# MSCI(Morgan Stanley Capital International Index)

MSCI 평가는 MSCI Inc.의 자회사인 MSCI ESG Research LLC가 글로벌 7,000여 개 기업 대상으로 ESG 조사 및 평가를 하며, 2009년부터 시작하여 2,800여 개 기업에 대한 ESG 지수를 공개하고 있다. MSCI는 산업별 평가지표를 기준으로 대외공시 자료, 외부기관 데이터, 언론 노출 정보로 평가를 실시하며, 평가 결과를 AAA, AA, A, BBB, BB, B, CCC 등 7단계로 구분하여 발표한다. MSCI ESG 평가 결과는 MSCI Index 및 Index 기반 상품 개발에 반영되고 있다.

공식 ESG 평가 등급 업데이트 주기는 연 1회이나 MSCI 평가는 수시로 진행되며, 통상 각 기업의 ESG 데이터 및 평가 리포트는 연 1회 이상 ESG Issuer Communication Portal(esgicp.msci.com)에서 확인이 가능하다. 이를 통해 각 평가 항목에 대한 MSCI의 평가 결과를 알 수 있으며, 각 기업들 역시 평가 항목별로 연중 수시로 소명이 가능하다. 소명 시 해당 항목에 대한 소명 내용 및 공시 링크를 입력해야 한다.

MSCI의 주요 평가 기준은 기업이 속한 산업군과 관련된 주요 ESG 이슈, 기업의 주요 ESG 리스크 노출 정도, 기업의 리스크 관리 정도 등이 반영되며, 평가 항목은 10개 주제에 환경 13개, 사회 16개, 지배구조 6개 등 총 35개 ESG 핵심 이슈로 구성되어 있다. 이 평가 항목은 모든 기업에 동일하게 적용되지 않으며, 평가 대상 기업의 산업별 특성을 반영하여 주요 이슈만 평가를 진행한다. 평가 항목에 산업 특성이 반영되어 있기 때문에 평가 등급 역시 동일 산업 섹터 내 경쟁사들과의 상대 평가에 의해 부여된다. SK텔레콤도 MSCI의 35개 ESG 핵심 이슈 중 Telecommunication Services 산업 특성이 반영되어 환경 영역에서는 Carbon Emissions, 사회 영역에서는 Privacy & Data Security, Labor Management, Access to Communication 이슈만 평가받고 있다.(거버넌스 영역은 전 산업 공통적으로 Corporate Governance 및 Corporate Behavior 이슈 평가)

산업군에 따라 ESG 영역별 점수 비중도 차이가 있으며, 매년 비중도 변경된다. SK텔레콤의 경우 2022년 기준 사회 영역의 점수 비중이 56%로 가장 높으며, 환경 영역의 점수 비중은 5%에 불과하다. 사회 영역의 이슈별로도 비중 차이가 있는데, 고객 정보 보호가 가장 중요한 정보통신 산업 특성이 반영되어 평가를 받는 3개 이슈 중 Privacy & Data Security 이슈가 28%로 가장 많은 비중을 차지하고 있다. 각 기업은 이와 같은 차등 비중이 적용된 평가 항목에 대해 0~10점 사이에서 평가 점수(Weighted Average Key Issue Score)를 받게 되고, 최종적으로 산업 특성이 적용된 평가 점수(Industry Adjusted Score)를 받는다. 산업 조정 점수는 산업 내 평가 점수 상위 5%와 하위 5% 기업들과의 비교에 의해 보정된 최종 평가 점수이다. 기업들은 이러한 평가 점수에 따라 최종적으로 A에서 CCC까지 7단계로 나뉜 평가 등급 중 하나를 부여받게 되는데, AAA나 AA 등급을 받은 기업은 산업 내 Leader 기업으로, A, BBB, BB 등급을 받은 기업은 Average 기업으로, B나 CCC 등급을 받은 기업은 Laggard 기업으로 분류된다. Laggard의 사전적 의미가 느림보, 굼벵이라고 하니 ESG 경영에 굼뜬, ESG 리스크에 노

| 3 Pillars | 10 Themes | 35 ESG Key Lssues | |
|---|---|---|---|
| Environment | Climate change | CarbonEmissions<br>Product Carbon Footprint | Financing environmental Impact<br>climate Change Vulnerability |
| | Natural Capital | Water stress<br>Biodiversity & Land Use | Raw Material sourcing |
| | Pollution & Waste | Toxic Emissions & Waste<br>Packaging Material &<br>Waste | Electronic Waste |
| | Environmental Opportunities | Opportunities in Clean Tech<br>Opportunities in Gress Building | Opportunities in Renewable Energy |
| Social | Human Capital | Labor Management<br>Health & Safety | Human Capital Development<br>Supply Chain labor Standards |
| | Product Liability | Product safety & Quality<br>Chemical Safety<br>consumer Financial Protection | Privacy & Data Security<br>Responsible Investment<br>Health & Demographic Risk |
| | Stakeholder Opposition | Controversial Sourcing<br>Community Resations | |
| | Social opportunities | Access to Communications<br>Access to Finance | Access to Health Care<br>Opportunites in Nutrition & Health |
| Governance | corporate governance | Ownership & control<br>Board | Pay<br>Accounting |
| | Corpotate Behavior | Business Ethics<br>Tax Transparency | |

출처 : MSCI ESG Ratings Methodology

출된 기업을 직설적으로 표현한 게 아닐까 싶다.

산업별로 ESG 각 영역의 비중이 다르긴 하지만, 지배구조 영역에
선 공통적으로 6개의 핵심 이슈(Board, Pay, Ownership & Control, Accounting,

• MSCI ESG 평가 등급 체계

| Letter Rating | leader/Laggard | final Industry-Adjusted Company Score |
|---|---|---|
| AAA | Leader | 8.571 – 10.0 |
| AA | Leader | 7.143 – 8.571 |
| A | Average | 5.714 – 7.143 |
| BBB | Average | 4.286 – 5.714 |
| BB | Average | 2.857 – 4.286 |
| B | Leader | 1.429 – 2.857 |
| CCC | Leader | 0.0 – 1.429 |

출처 : MSCI ESG Ratings Methodology

Business Ethics, Tax Transparency)에 대해 평가가 진행되며, 위험 노출 및 관리 수준에 따라 감점도 반영한다. 특히 Business Ethics에는 각 기업들의 불공정 거래, 법적 이슈 등 Controversies(사회적 논란)가 많은 부분 감점으로 반영이 되고, 자회사에서 발생한 Controversies까지 감점이 되므로 Risk 발생 및 해결에 대해 선제적이고 지속적으로 관리할 필요가 있다.

# KCGS(Korea Institute of Corporate Governance and Sustainability)

한국ESG기준원(KCGS) ESG 평가는 2003년 기업지배구조 평가로 시작하였으며, 2011년부터 환경 및 사회 영역이 포함된 통합 ESG 평가를 통해 매년 국내 상장회사의 지속가능경영 수준을 평가한다. 2018년부터는 비상장 주요 금융기관의 지배구조를 별도로 평가하며, 평가 결과는 매년 KRX ESG Leasers 150 등 한국거래소 KRX 사회책임투자지수 종목을 구성하는 데 활용된다.

하지만 모든 상장회사가 평가 대상은 아니다. 유가증권시장 상장사, 코스닥 150 구성종목 회사, 대기업 집단 소속 회사, 상장 및 주요 비상장 금융사만 평가 대상에 해당되니, 평가 대응 전에 평가 대상에 포함되는지 확인할 필요가 있다.

KCGS 평가는 MSCI와 마찬가지로 KCGS에서 공시, 언론보도 자료 등을 근거로 먼저 평가를 진행하며, 평가 결과를 각 기업들에 공개 후 기업들의 피드백이 진행된다. 기업들의 피드백에 대해 KCGS에서 최종 검토 후 평가 등급을 부여하며, 평가 등급은 S, A+, A, B+, B, C, D 총 7등급으로 분류된다. ESG 각 영역 및 평가 문항별 배점은 비공개가 원칙이나, 통합등급 A+를 받은 기업 대부분이 지배구조 A+을 받은 기업인 것으로 볼 때 지배구조 영역의 가중치가 가장 높을 것으로 생각된다. 평가 등급 부여 이후 매년 ESG 개선과 활동에 우수한 성과를 보인 기업 대상으로 대내외 전문가로 구성된 ESG등급위원회에서 우수기업 후보를 심사/결정하여 최우수상, 우수상 등을 시상한다. DJSI와 MSCI가 동일 산업 내 각 기업들과 상대 평가를 하고 평가 점수 및 등급을 부여하는 반면, KCGS는 금융기관 외 산업 구분 없이 전체 평가 대상 기업에 평가 점수와 등급을 부여한다는 것이 큰 차이

점이다.

 평가 일정은 매년 하반기에 지배구조 영역 기업 피드백부터 진행되며, 이어서 환경 및 사회 영역 기업 피드백이 동시에 진행된다. 각 기업 담당자들은 피드백 기간 내 KCGS 평가 홈페이지(esg.cgs.or.kr)를 통해 KCGS에서 평가한 데이터 및 근거에 대해 각 평가문항별로 확인하고 수정할 수 있으며, 피드백 이후 KCGS 검토 결과에 이견이 있을 경우 평가 기간 내 계속해서 소명 및 피드백을 진행할 수 있다.

 KCGS 평가는 업종별로 평가 문항의 종류와 수가 일부 차이가 있으나, 기본적으로 ESG 각 영역별로 가점 항목인 기본 평가와 감점 항목인 심화 평가로 구성되어 있다. 평가 점수는 백분율에서 득점률 방식(%)으로 표시된다. 기본 평가 항목은 100% 만점으로 영역별 대분류/중분류 아래 세부 항목으로 구성되어 있으며, 심화 평가는 과징금 부과

• KCGS 평가문항 대분류

| 환경 | 사회 | 지배구조 | 금융기관 지배구조 |
|------|------|----------|------------------|
| 리더십과 거버넌스<br>위험관리<br>운영 및 성과<br>이해관계자 대응 | 리더십과 거버넌스<br>노동관행<br>직장 내 안전보건<br>인권<br>공정운영관행<br>지속가능한 소비<br>정보보호 및<br>개인정보보호<br>지역사회 참여 및<br>개발<br>이해관계자 소통 | 이사회 리더십<br>주주권 보호<br>감사<br>이해관계자 소통 | 이사회 리더십<br>주주권 보호<br>최고경영자<br>보수<br>위험관리<br>감사기구 및<br>내부통제<br>이해관계자 소통 |

출처 : KCGS 홈페이지

등 기업 이슈에 대해 감점을 적용한다. MSCI와 마찬가지로 기업에 대한 사회적 논란 및 이슈가 감점 요인으므로 Risk 발생 및 해결에 대해 지속적으로 관리할 필요가 있다.

### ■ 개선 과제 수립

ESG 평가에 대응하기 위해서 기업 담당자들은 첫째, 어떤 목적으로 ESG 평가를 받을 것인지에 대해 고민해야 한다. ESG 평가 결과를 기업의 경영에 어떻게 활용할 것인지를 고민해야 하는 것이다. 둘째, 수많은 ESG 평가 중 어떤 평가에 대응해야 할지 의사결정이 필요하다. 내부적인 자원의 한계로 모든 평가에 대응할 수 없기에 평가기관의 신뢰도, 영향도, 자본시장 활용도 등을 고려하여 대응할 평가를 결정해야 한다. 신뢰도와 자본시장 활용도는 평가 결과가 주요 투자자들의 벤치마크가 될 수 있고, 거래소의 인덱스로 반영이 되는지 등을 의미한다. 어떤 평가에 대응할지 결정이 되면 셋째, ESG 경영 현황이 어떤 수준인지 진단을 통해 기업만의 고유한 ESG 개선 과제를 수립해야 한다. 과제 수립 시 대응하기로 한 평가기관의 평가 문항 목표대비 현재 수준을 비교하여 과제를 도출할 수도 있고, 문항별로 글로벌 선진 기업의 사례를 분석하여 과제를 도출할 수 있다. 아울러, 추진과제를 단기, 중기, 장기 과제로 분류할 필요가 있다. 어떤 과제를 먼저 진행할지 우선 순위를 정하는 것이다. 예를 들어, ESG 평가 대응의 가장 기본이 되는 정보공시 기반 구축을 위한 과제는 단기 과제가 되는 것이고, 대규모 자본 투자나 의사결정 프로세스의 구조적 변화가 필요한 과제는 중장기적으로 추진해야 함을 의미한다.

SK텔레콤도 2020년 말 SK텔레콤만의 ESG 경영 개선 과제를 도출하여 지속적으로 업데이트하고 있다. 개선 과제 도출을 위해 국내외 ESG 평가지표와 글로벌 ESG 정보공시 지표, 신용평가사 평가지표 등 약 600개의 지표를 도출한 후 분류/검토하였고, 최종적으로 230개의 개선 과제를 수립한 바 있다. 또한, 230개의 개선 과제를 우선순위에 따라 단기, 중기, 장기로 분류하고 단기 과제부터 유관부서와 협의하여 개선해 나가고 있다.

# 05 ESG 커뮤니케이션

　　　고객, 주주, 협력회사, 정부 등 이해관계자들의 ESG 관심
과 이슈를 파악하고 즉각적으로 대응하기 위하여 SK텔레콤은 다양한
온/오프라인 커뮤니케이션 채널을 운영하고 있다. 이해관계자 커뮤니
케이션에는 기업의 입장에서 핵심 이해관계자의 Needs를 먼저 파악
하여 선제적으로 대응하는 방식도 있고, 반대로 이해관계자의 제안이
나 의견을 수렴하여 이를 해결하는 방식이 있을 수 있다. 두 가지 방
식 모두 투명하고 효율적인 커뮤니케이션을 통해 외부 이해관계자들
의 지지와 신뢰를 획득하고, 이해관계자 참여를 통해 경영의 투명성
과 효율성 제고를 목표로 한다는 점에는 차이가 없다.

　SK그룹에서는 우리의 기여로 이해관계자(Stakeholder)가 창출한
EV(Economic Value)와 SV(Social Value)를 파악하고 수치화하여 관리하
는 'Stakeholder Account'(이하 SH Account) 방법론을 시행하고 있다. SH

Account는 고객, 주주, 지역사회 등 우리의 핵심 이해관계자의 EV와 SV 창출에 기여하는 차별적인 Value를 제공함으로써, 이해관계자의 신뢰를 확보/강화하는 Relation 마케팅 방법론이다. 이해관계자의 Value를 높이고 Needs를 충족시키기 위한 활동은 비단 ESG나 친환경 사업뿐만 아니라, 이해관계자들의 Needs 및 Pain Point에 솔루션을 제공하는 모든 경영활동을 포함한다. 궁극적으로 이해관계자의 행복 창출에 기여하여 우리 회사의 신뢰도를 높이고, 그 결과 우리 회사의 행복, 즉 EV와 SV를 창출하고 확대할 수 있어야 한다. 이처럼 어떤 이해관계자를 SH Account로 선정하고, 우리의 Biz.와 어떻게 연계되는지 고민하고 구상하는 것이 중요하다. 기본적인 SH Account 실행 Process는 아래와 같다.

• SH Account 실행 Process

| 구분 | 단계 | 주요 내용 |
|---|---|---|
| 사전 전략 수립 | 1) 대상 이해관계자선정 | 폭넓은 이해관계자 파악 및 List-up, 이해관계자별 우선순위 도출 |
| | 2) 사전 분석 및 Comm. 전략수립 | 이해관계자 관심/이슈 등 사전 조사, SK가 이미 보유한 Value 분석 |
| 이해관계자 Comm. | 3) 이해관계자 Needs 파악 | 대상별 특화된 세부 Needs 확인, 이해관계자 Needs의 Weight 도출 |
| | 4) Solution 도출/제안 | 이해관계자 Needs 해결을 위한 Priority 결정 및 Solution 우선순위 도출<br>Solution을 통한 이해관계자의 EV/SV 창출효과 (Benefit) 측정 및 제안 |
| | 5) Consensus 확보 | 상호 협력 공감대 형성/합의 |
| Solution 개발 및 제공 | 6) Solution개발/실행 | Solution 개발(EV+SV 측면 Impact, R&C 등 고려) 및 실행방안 구체화 이해관계자별 Solution 제공 |

매년 SK 각 멤버사들은 이러한 실행 Process를 통해 핵심 이해관계자를 선정하여 관리하고 있으며, 멤버사 간 정기 워크숍 및 미팅을 통해 실행 경과와 성과를 공유하고, 방법론을 고도화하고 있다.

SK텔레콤은 2022년 5월 말 기업 홈페이지 내 이해관계자 소통을 위한 '제안·문의' 메뉴를 신설하여 소통 채널의 접근성을 개선한 바 있다. 기존에도 홈페이지 내 소통 채널이 있었으나, 채널들이 산재되어 접근성에 제약이 있었고, 채널별로 특정 대상에 한정되어 활성화 수

• SK텔레콤 이해관계자 '제안·문의' 채널(www.sktelecom.com/view/contact/business.do)

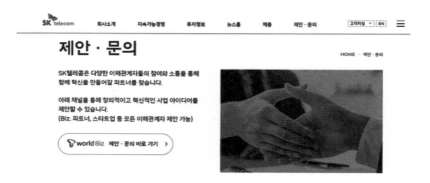

준이 낮은 것이 사실이었다. 이러한 문제들을 해결하기 위하여 기업 홈페이지 메인 화면 최상단 메뉴에 게이트웨이를 추가하고 메뉴명을 '제안·문의'로 직관적으로 개선하여 접근성을 제고하고자 하였다. 아울러 개인/협력업체/스타트업 등 모든 이해관계자로 대상을 확대하고자 하였고, 제안·문의뿐만 아니라 기존 고객 불만/윤리 제보/ESG 문의 접수 채널도 함께 이동 배치함으로써 고객 편의성을 개선하였다. 채널 운영 측면에서도 제안·문의 접수 시 전문 상담사가 1차 대응을 하고, 담당부서가 검토 후 2차 대응을 하고 이력관리를 함으로써 운영 효율성을 제고하였다.

이러한 통합 소통 채널 신설로 전체 제안·문의 건수가 월간 기준 기존 대비 2배 가까이 증가하였고, 사업이나 제휴 아이디어 접수를 통한 사업 연계나 리스크 관리 측면에서 의미 있는 채널로 기능하고 있다. SK텔레콤은 제안·문의 유형별 담당조직을 맵핑하여 상담사들의 효율적인 대응을 가능하게 하는 등 지속적으로 다양한 이해관계자의 참여와 소통을 위해 힘쓸 계획이다.

# SK텔레콤의
# 대표적 ESG 활동

# 01 그린 네트웍스:
## 전력 효율화로 온실가스 줄이기

　　　　SK텔레콤은 본업이 ICT기업이고 AI 컴퍼니를 추구하는
만큼 모든 ESG 전략의 출발점은 ICT, 즉 디지털 기술 기반에 있다.
디지털 기술을 활용한 ESG 경영이 SK텔레콤의 강점이면서 차별화
포인트인 셈이다. AI, IoT, 5G 같은 ICT 기술과 서비스를 통해 함께
지속가능한 세상을 만들어가고자 현업 부서별로 ESG 활동을 하면서
도 몇 가지 대표적인 과제에 선택과 집중을 하고 있다.

　SK텔레콤의 대표적인 사회분야 ESG 활동인 AI 돌봄 서비스 역시
AI, ICT 기반의 사회 난제 해결책이다. AI는 세상을 바꾸는 무한 잠
재력을 갖고 있지만 특히 ESG 분야에서는 더욱 그러하다. 인구 고령
화나 장애로 인한 불평등의 사회적 난제를 극복할 수 있는 열쇠가 바
로 인공지능 AI다.

　또한 SK텔레콤은 제조 공장이 없지만 매년 2TWh 이상의 전력을

사용하고 있다. 전 국민 대상으로 끊김 없는 통신 연결을 위해 전국의 수많은 기지국, 중계기 같은 통신망에서 전기를 사용하기 때문이다. 전기에너지는 석탄, 석유, LNG 등을 연소시켜 만들어지는데, 발전(發電)하는 과정에서 온실가스가 배출된다. 통신산업의 특성상 회사의 온실가스 배출량 99%가 바로 간접 배출인 Scope 2(전력 사용)에 기인한다. ICT 기술/솔루션 기반의 탄소감축 기술 투자에 총력을 기울이는 까닭이다.

SK텔레콤이 온실가스 배출량과 흡수량이 균형을 이루는 상태인 넷제로를 달성하려면 방법은 크게 세 가지다. 기술 혁신을 통해 통신장비의 전력 소모량을 최대한 줄이는, 다시 말해 에너지 사용량을 최소화하는 직접 감축(에너지 효율화) 방식이 첫 번째다. 그럼에도 불구하고 전기를 쓸 수밖에 없기 때문에 온실가스를 많이 배출하는 석탄 발전 전력보다는 태양광, 풍력 등 재생에너지인 그린 에너지로 대체하는 것이다. 한발 더 나아가 숲 조림이나 쿡스토브 등 감축 사업, 상쇄 사업을 통해 탄소를 줄이는 방법이다.


## 싱글랜(Single RAN)

SK텔레콤이 7년 동안의 ICT 기술 혁신을 통해 탄소배출량을 연간 수만 톤 절감 중인, 대표적인 온실가스 직접 감축 기술이자 방법론이다. 이 기술이 개발되기 전에는 3G, 4G 서비스 제공을 위해 각각의 통신

망을 운영해왔다. 그렇지만 3G 통신 장비를 4G LTE 장비와 통합하는 데 세계 최초로 성공함으로써 ICT 탄소중립 기술 혁신에 기여하게 됐다. LTE 기지국 장비 S/W를 업그레이드하거나 슬림화된 H/W로 교체해 3G와 4G(LTE)를 1개의 장비로 서비스하는 기술이다. 2020년 말 정부(환경부)로부터 국내 통신 분야 최초로 '온실가스 내부감축사업' 인정을 받아 저감된 탄소배출량만큼 온실가스 배출권을 추가로 할당받고 있다. 정부는 기업의 탄소배출 감축 활동을 유도하기 위해 배출권 추가 할당 등의 방식으로 인센티브 규정을 운영하고 있다. 2022년 10월 말 기준 국내 온실가스 배출권은 톤당 2만8,000원 내외로 거래되고 있다. 1만 톤의 배출권은 2억8,000만 원에 해당하는 금액이다.

SK텔레콤은 LTE, 5G에 비해 구조적 한계(LTE 대비 4배의 전력 소모)를 갖고 있는 3G 통신 인프라의 효율화 방안을 고민해왔다. 2014년부터 기술개발에 나섰지만 기술적 한계로 수년간 쓴 맛을 봐야 했다. 마침내 2019년 126명의 싱글랜 상용화 TF에서 60여 개의 기술적 문제를 해결하면서 시범망 적용에 성공했고 2020년부터 전국의 노후된 3G 장비를 시작으로 3G, 4G 통합장비로 교체 완료했다.

싱글랜 기술은 온실가스 배출 저감에 따른 온실가스 배출권 확보는 물론 에너지 효율성이 낮은 3G 장비를 통합LTE 장비로 교체하고 4G 장비의 SW 개선으로 3G, 4G를 통합 서비스함에 따라 연간 수백억 원에 달하는 운영비(OpEx)와 설비투자비(CapEx) 전력 사용량을 절감하는 재무적 효과를 얻고 있다. 또한 노후된 장비 교체로 고장률은 55% 감소했고, 구형 3G 장비 대비 평균 다운로드 속도가 기존 5.5Mbps에서

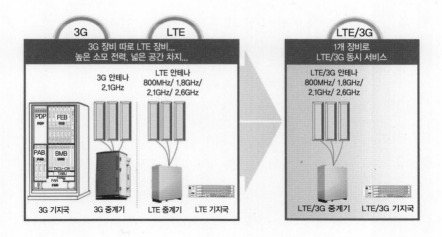

7.5Mbps로 36% 향상되는 성능개선 효과도 뒤따랐다. 전력 사용 및 온실가스 배출 저감과 함께 통신 서비스 품질 향상, 온실가스 배출권 추가 확보라는 부수적인 효과까지 얻는 효자 기술인 셈이다.

회사는 무선망 기반의 싱글랜 기술 외에도 AI Power Saving 기술을 통한 전력 사용량 감축과, 이에 따른 탄소배출 감축도 시행 중이며 전송망이나 교환장비에서도 저전력 고효율로 도입해 탄소배출을 추가로 줄이는 노력을 기울이고 있다. SK텔레콤은 4년여간의 자체 연구를 통해 기지국의 전력 절감 기술을 개발, 적용했다. 트래픽의 부하를 인식해 기지국 기능을 온/오프하도록 한 지능형 Power Saving 기술로 2022년 한 해 동안 탄소배출량을 4만 톤 줄일 전망이다. 인텔리전트 데이터 트래픽 Analysis를 통해 기지국의 통신 트래픽이 Low Traffic일 경우 자동으로 Sleep Mode로 전환하고, 인접한 Normal Traffic 기지국에서 통신을 담당하도록 하고 있다.

이 밖에 ICT 인프라 전 영역으로 중장기 에너지 절감 과제를 발굴해 그린 네트워크를 가속화하고 있다. Access 분야에서는 저효율 기지국사를 통합해 통합국사를 운영하는 한편 기지국 장비를 추가하지 않고도 한 기지국이 SW 기반의 용량 증설을 통해 2개의 기지국 역할을 할 수 있도록 하고 있다. 또한 Core 영역에서는 최신 가상화 기술을 통해 각기 다른 서버, 스토리지 장비를 통합해 서버를 최소화함으로써 에너지 사용량을 최소화하는 방안을 추진하고 있다.

통신의 환경은 4G, 5G에 이어 향후 6G로 통신 세대가 바뀔 때마다 네트워크 진화에 따른 고(高)주파수화로 인해 장비가 훨씬 더 늘어나는 구조적 문제를 안고 있다. SK텔레콤 같은 이동통신 사업자 노력만으로 전력 절감은 한계가 있다는 뜻이다. 따라서 정부(과기부)가 주도해서 유무선 통신장비와 관련한 대형 제조사와 통신사가 장비 자체의 저전력화, 발열에 따른 냉방 전력 최소화에 공동으로 협력을 추진해야 할 것이다.

에너지 사용량 최소화 노력의 끝판왕은 태양광 기지국의 확대다. 태양광 발전은 규모의 경제가 돼야 수익성이 나오는데, 기지국의 경우 한 곳당 발전량이 평균 30여mwh에 불과, 평균 BEP가 20년 소요되므로 가성비 관점에서 설치할 수는 없다. 결국 태양광 기지국 확대는 '우리가 가진 자원(기지국)으로 할 수 있는 데까지 최대한 친환경에 노력해 보자'는 의지와 다짐의 표현인 것이다.

SK텔레콤은 2009에 국내 이통사 최초로 태양광 패널 설치를 통한 태양광 발전 기반의 기지국을 운영해 온 이력이 있다. 2021년부터 넷

**SK텔레콤 태양광시설 구성도**

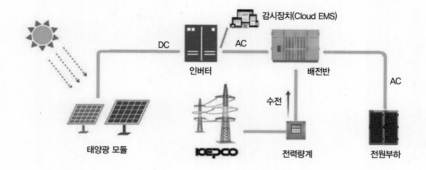

제로 실천을 위해 전국에 산재한 사옥과 기지국사, 통신 중계기 등을 대상으로 태양광 발전이 가능한 곳인지를 샅샅이 찾아 290개 국소 목표로 태양광 자가발전 기지국을 확대하고 있다. 2021년 66개 국소에 태양광 패널을 설치했으며 2022년에는 102개 국소를 추가하고 2023년에는 나머지 국소를 대상으로 진행할 계획이다. SK텔레콤은 '넷제로 2050' 로드맵에 따라 녹색 프리미엄 계약 및 태양광 자가발전 설치를 통해 2022년의 경우 소요전력 중 5%의 재생에너지를 사용하게 된다.

# 02 순환경제: 플라스틱 중독 사회에서 벗어나기

        SK텔레콤은 기업이 직접 배출하는 온실가스 감축도 매우 중요하지만 고객과 사회 차원의 온실가스 감축을 함께 만들어가는 것이 무엇보다 중요하다는 입장이다. 사회적 온실가스는 에너지 사용, 차량 운행 등 여러 요인이 있겠지만 그중 심각한 요인 중 하나가 1회용 플라스틱 오남용이다. 게다가 플라스틱은 땅에 묻혀도 500년간 쉽게 썩지 않기 때문에 플라스틱 쓰레기는 미세플라스틱이 되어 인간과 자연생태계를 파괴하는 부메랑이 되고 있다.

  환경부에 따르면 우리나라 1회용컵 사용량이 연간 84억 개에 달한다. 특히 코로나 이후 배달음식 주문 등의 영향으로 1회용 플라스틱 사용량이 15% 증가하는 등 플라스틱 폐기물 문제는 날로 심각해지고 있다. 한국소비자원이 2022년 2월 발표한 『배달음식 플라스틱 용기 실태조사 보고서』에서는 연간 대한민국 한 사람당 1341.6개의 플라스틱

배달용기를 사용하고, 이는 국민 1인당 10.8kg에 달하는 막대한 규모다. 구석기, 신석기, 청동기, 철기 시대에 이어 지금은 가히 '플라스틱 시대'라 불릴 만하다. 플라스틱 제조 과정에서 발생하는 온실가스 배출량이 2030년 무렵에는 석탄 화력발전의 배출량을 상회할 것으로 전망되면서 '새로운 석탄(The new coal)'으로 불리고 있다.

플라스틱 문제를 해결하기 위해 선진국들은 플라스틱 제품의 생산이나 1회용 플라스틱컵 사용을 금지하는 규제를 본격화 중이다. 유럽연합(EU)은 2021년부터 면봉, 빨대, 접시, 식기류, 스티로폼 용기포장 등 10대 플라스틱 품목의 시장 출시를 금지했다. 미국, 캐나다, 스페인, 대만 등 여러 나라도 1회용 플라스틱 식기나 컵의 판매/ 사용금지에 나서고 있다. 1회용 플라스틱 용품이 등장하기 전까지 사람들은 물건을 재사용, 재활용하는 게 당연했지만 쉽게 만들고 쉽게 버릴 수 있는 플라스틱의 편리함으로 인해 우리 사회는 플라스틱에 지배당하고 있다. 특히 한 번 쓰고 버리는 습관 또는 문화는 우리 사회가 시급히 바꿔야 할 핵심 과제가 된 것이다.


## 행복한 습관, 해피해빗

ICT 기업인 SK텔레콤은 누구보다 고객에게 가까이 있고, 고객들의 행동이나 습관을 바꿈으로써 이 문제의 해결 방안을 찾고자 했다. 그 결과 뜻을 같이하는 여러 민·관 주체들이 협력해 '해빗 에코 얼라이언스'를 출범하고 해피해빗 다회용컵 용기 생태계를 구축 확장해가고 있다. 가장 먼저 커피 브랜드 1위인 스타벅스와 함께 2021년 7월 '에코 제주 프로젝트'를 시작했다. 1회용컵 없는 제주를 목표로 제주도에 있는 스타벅스 24개 전 매장에서 1회용컵 없는 다회용컵 매장으로 운영 중이다. 이에 힘입어 서울시과 인천시, 세종시로도 다회용컵 사업이 확산돼 진행 중이며 부산시 BIFC몰, 울산시 한국석유공사, 호남 일부 공기관(한전KDN)에서 솔선수범해 1회용컵 대신 다회용컵으로 커피 등의 음료를 마시는 환경실천에 동참하고 있다.

SK텔레콤은 이 같은 흐름 속에서 1회용컵을 대체할 수 있는 근본적 해결방안을 모색했고, 기존의 단발성 이벤트나 캠페인을 지양하고 지속가능한 ESG 비즈니스 모델로 추진하기로 아이디어를 좁혀갔다. 2021년 7월 제주도 내 스타벅스 4개 매장에서 첫선을 보인 다회용컵 기반의 1회용 플라스틱 감축사업인 해피해빗 프로젝트 얘기다.

1회용이 아니라 재사용이 가능한 다회용컵과 운영 시스템을 제공해 소비자들이 필요할 때만 다회용컵을 빌려 손쉽게 반납할 수 있도록 함으로써 환경 실천을 견인한다는 콘셉트다. 음료 서비스 공급 방식과 소비 행동의 변화를 추구한다는 취지로 '해피해빗(Happy Habit, 행복한 습관) 프로젝트'로 명명했다. 물론 플라스틱 오남용 문제 심각성 때문에 환경을 생각하는 커피사업자나 NGO단체에서 텀블러 대여나 다회용컵 사용 등 유사한 아이디어로 추진하고 있다. 하지만 서로 각기 다른 다회용컵 순환 사용방식을 적용함으로써 서로 호환이 어렵고 확산, 확대가 어려운 데 비해 해피해빗 프로젝트는 표준화된 다회용컵과 무인반납기 등의 인프라와 관제 시스템을 갖추고 전국 어디서나 통용되는 국내 최초의 상용 서비스라는 게 다른 점이다.

## 사업 개요

소비자가 해피해빗 참여 매장에 가서 커피 등 음료를 구입할 때는 다회용컵(해빗컵) 보증금 1,000원을 별도 지불하게 된다. 소비자는 음료를 다 마신 뒤 빈 컵을 ICT 무인반납기에 반납을 하면 현금 1,000원이나 해피해빗 앱으로 1,000포인트 등의 환불 수단을 선택해 돌려받는 방식으로 다회용컵 시스템이 운영된다. ICT 무인반납기에 모여진 다회용컵은 세척서비스를 전문으로 하는 행복커넥트 등의 사회적기업에 의해 수거돼 세척장에서 위생적으로 세척한 뒤 다시 매장에 공급, 재사용하게 된다. 소셜임팩트를 위해 SK텔레콤은 플라스틱 줄이기에 관심이 높은 정부, 지자체, 기업, 언론사 등과 함께 해피해빗 에코 얼

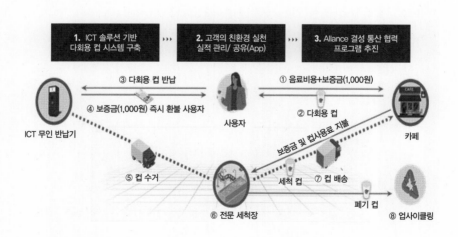

일회용 컵 없는 스타벅스 에코매장 적용
(제주 4개 매장)
※다회용 컵 시스템의 '표준' 구축

제주 스타벅스 전체 확산(24개 매장)
※제주공항, SK렌터카 반납기 인프라 설치

서울시 20개 주요 거점 내 800대 무인회수기 설치
※투썸플레이스, 폴바셋, 더벤티 등 대형브랜드 도입

2020.11 | 제주도 시범사업 | 2021.11 | 제주도 본사업 시행 | 2022.05 | 서울시 본사업 시행

Alliance출범식 | 2021.7 | 서울시 시범사업 | 2021.12 | 인천광역시 사업 수행 | 2022.06

정부, 지자체, 기업 등
23개 멤버사로 시작

旣 구축한 다회용 컵 시스템 안정성 입증
(스타벅스, 달콤, 소상공인 등 19개 매장)

다회용컵 공유시스템 구축 시범사업
※인천시청 주변 30개 매장 적용

라이언스를 결성해 협력 중이다.

**해피해빗 주요 인프라**

해피해빗(ICT 기반 다회용컵 순환 시스템)은 다회용컵, ICT 무인반납기, 전용 앱, 세척장을 핵심 인프라로 운영하고 있다.

다회용컵은 16oz(그란데), 21oz(벤티) 사이즈 및 아이스크림컵을 제공하고 있으며, PP(폴리프로필렌) 소재 친환경 컵으로 제작하고 환경호르몬 안전성 검증을 완료하였다.

ICT 무인회수기는 SKT의 VISION AI 기술이 탑재되어, 형상인식 기술 기반으로 다회용컵의 진위여부를 판별하고 있으며, 커피 매장의 크기에 따라 대형과 소형으로 제공이 가능하다

그 외, 7단계 전문세척을 거치는 세척장 및 컵의 발주 정산을 체계

| 다회용 컵 | ICT 무인회수기 | 전문 세척장 | 통합관리시스템·전용 앱 |
|---|---|---|---|

| 재사용·재활용<br>가능한 16/21oz컵 | AI기반 형상 인식 기술 탑재<br>무인회수기(대형+소형) | 서울/제주 다회용 컵 세척<br>및 7단계 안심 세척 시행 | 컵 물류 흐름, 보증금 환불 및<br>포인트 등 통합 데이터 관리 |
|---|---|---|---|

적으로 지원하기 위한 통합관리시스템을 구축하여 안정적인 컵 공급
망을 제공하고 있다. 더불어 고객의 컵보증금(1,000원)을 편리하게 반환
하기 위하여 현금 1,000원을 반납기에서 직접 제공하고 스타벅스 포
인트, 해피해빗 포인트 등 포인트로도 환불이 가능하다. 해피해빗 포
인트는 계좌송금, OK캐시백, 티머니로도 전환이 가능하여 활용도를
높였으며, 향후 더 다양한 환불수단을 제공하기 위해 개발을 진행하
고 있다.

**주요 성과**

   해피해빗의 효과성은 크게 두 가지다. 우선 1회용 플라스틱컵(종이 코
팅컵 포함)의 사용이 크게 절감돼 쓰레기가 줄어든다. 해피해빗 다회용
컵은 플라스틱 재질이지만 식음료 용기로 가장 적합한 PP 소재로 만
들어졌다. 70회 이상의 세척 및 사용에 적합하도록 제작돼 1회용 플라
스틱컵을 70분의 1 절감되도록 한 것이다. 70회 이상 사용을 한 뒤 표

1회용 컵 감축량 520만 개

탄소배출 저감효과 152톤

남산 N서울타워의
약 3,000배 높이

*N서울타워 높이 237m 기준
*1회용 컵 1개당 14cm(16oz) 기준

소나무 64,000 그루의
1년간 탄소 흡수량

*한국 평균 소나무 한 그루의 연간
이산화탄소 흡수량: 2.35kg
(산림청, '주요 산림 수종의 표준 탄소흡수량, '12.11.14)

2022년 10월 기준

면에 흠집 등이 생겨 더 이상 재사용이 어려워지면 컵을 재활용업체에 넘겨 새롭게 다회용컵을 제작하거나 옷감, 신발 제작용 섬유로 리사이클이 가능하다. 이를 위해 해빗컵은 색상 잉크를 첨가하지 않았고 음각을 통해 해빗컵 표시만 했다. 따라서 스타벅스 매장은 물론 파리바게뜨나 더벤티, 달콤, 투썸 플레이스 등 해피해빗 참여 매장에서는 누구나 해피해빗 다회용컵을 함께 사용할 수 있다.

제주 및 서울, 인천 사업 등을 통하여 2022년 10월 기준 약 520만 개의 일회용컵을 절감하였고, ICT무인회수기는 제주시(46개), 서울시(83개), 인천(22개), 기타 지역(7개) 등 총 158개가 설치되어 운영 중이다.

두 번째는 경제적 취약계층의 일자리를 늘리고 있다. 해피해빗 다회용컵 참여 매장의 경우 기존에 1회용 플라스틱컵 제작/구입에 사용하던 비용(컵 1개당 50~100원)을 다회용컵 수거 및 세척을 위한 컵 사용료 명목으로 지불하고 있다. 1회용컵 쓰레기를 만드는 데 쓰던 돈을 취약계층의 수거와 세척 일자리 비용으로 전환시켜 지속가능한 비즈니스 모델로 만든 셈이다. 즉 해피해빗 프로젝트의 슬로건 '쓰레기는 줄이고 일자리는 늘리고'는 이 같은 BM 구조로부터 기인한다.

지금까지는 한 번 쓰고 쓰레기로 전락하는 소비 패러다임이었지만 앞으로는 수십 차례 쓰고 또다시 같은 자원으로 이어지는 친환경 소비 패러다임으로 변화할 수 있게 됐다는 점에서 근본적인 해결책으로 불릴 만하다.

해피해빗은 플라스틱 폐기물 문제라는 사회적 난제의 핵심에 집중함으로써 근본적인 해결책을 제시했다는 데 큰 의의가 있다. 또한 누구나 심각하게 인식하는 문제에 대해 SK텔레콤이 행동으로 나서 도전장을 내밀어 첫 사례를 만들어낸 것이다. 물론 도전에 나선 자신감은 VISION AI 등 핵심기술에서 나온 것이며 혼자가 아닌, 이해관계자 협력 기반에서 임팩트를 키운 데 기인한다고 봐야 할 것이다. 이로써 1회용 플라스틱컵 쓰레기는 크게 줄고 쓰레기 만드는 데 쓰였던 돈이 취약계층의 일자리를 창출하는 선순환 경제를 만들어내고 있다. 실제 해피해빗 다회용컵을 세척하는 파트너사(에코제주/에코해빗/뿌득/행복브릿지) 를 통하여 지금까지 총 48명의 일자리를 창출하였다.

통신사인 SK텔레콤이 다회용컵 순환경제 생태계에서 무슨 역할을 하는지 궁금해하는 소비자들이 많다. SK텔레콤은 한마디로 해피해빗 생태계의 핵심 인프라를 기획/설계, 운영하는 역할을 한다. SK텔레콤의 AI 기술 중 VISION AI 기술과 솔루션을 활용해 ICT 무인반납기에 반납되는 다회용컵의 진위를 판별, 보증금이 제대로 환불될 수 있도록 할 뿐 아니라 다회용컵 제공/회수용 물류 BACK−END 시스템을 만들어 다회용컵의 안정적인 유통을 뒷받침하고 있다.

# 03 사회안전망_
## 기술이 이웃이 되다

　　SK텔레콤의 인공지능(AI) '누구(NUGU)'을 통한 사회적 난제 해결의 대표적 사례가 행복커뮤니티 AI 돌봄 서비스이다. 경제적으로 어려운 독거노인이나 장애를 가진 취약계층의 안전을 인공지능 스피커, ICT 관제시스템 등으로 살펴 이웃의 사회안전망 역할을 구현하고 있다. 2022년 10월 말 기준 전국 84개 기초자치단체 및 치매/돌봄

• AI 돌봄 현황

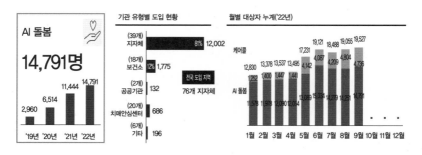

관련 전문기관들(기초지자체 39곳, 보건소 18곳, 치매안심센터 20곳, 기타 공공기관2곳 등)과 협력해 약 1만 5,000명의 독거노인 등 취약계층 가구 대상으로 AI 돌봄을 제공하고 있다.

대한민국은 초고령사회 진입을 눈앞에 두고 있다. 통계청에 따르면 2022년 65세 고령인구는 901만 8,000명으로 전체 인구의 17.5%이며, 2025년에는 고령인구 비중이 20.6%로 우리나라가 초고령사회(기준 20% 이상)로 들어설 전망이다. 무엇보다 심각한 점은 고령사회(65세 이상 고령인구 비중 14%)에서 초고령사회에 도달하는 기간이 오스트리아(53년), 영국(50년), 미국(5년), 일본(10년) 등에 비해 대한민국은 7년에 불과할 정도로 전 세계에서 가장 빠르게 진행 중이라는 사실이다.

고령자 1인 가구 수도 가파르게 증가하는 추세다. 2022년 65세 이상 고령자 901만 8,000명 중 1인 가구, 즉 혼자 사는 노인 가구 수는 187만 5,000가구에 달한다.

187만 독거노인 시대다. 이 같은 인구/가족 구조의 변화는 노인 고독사, 노인 돌봄, 노인 빈곤 등의 숙제가 뒤따른다. 배고픔보다 외로움이 더 괴롭고, 도움을 청하기 어려운 휴일이나 밤이 두렵고, 낯선 IT 기기 사용을 어려워하는 분들이 노인이다. 오래 사는 것은 분명 축복인데, 노인 빈곤이나 치매, 외로움, 질병 등은 피해 갈 수 없는 이슈다. 가족과 사회, 국가가 짊어져야 할 고통과 비용으로 연결된다는 점에서 반드시 풀어야 할 사회적 난제로 손꼽힌다.

# 행복커뮤니티 AI 돌봄 서비스

SK텔레콤은 2019년 4월 AI와 빅데이터 분석, ICT 기술을 활용해 사회적기업(행복커넥트), 정부와 지자체 등과 협업을 통해 독거노인의 외로움, 안전, 치매 등을 해결하는 AI 스피커 기반의 돌봄 서비스를 세계 최초로 선보였다.

SK텔레콤의 누구(NUGU) 스피커를 통해 음악감상, 감성대화, 날씨, 뉴스 등의 콘텐츠를 이용해 정서적 안정을 찾는 것은 기본이다. 이외에 긴급 SOS, 소식톡톡, 두뇌톡톡 등의 특화서비스가 독거노인 돌봄 차별화 포인트다. SK텔레콤은 특히, 독거노인들의 인공지능 스피커 사용 여부 등을 확인할 수 있도록 관제 시스템을 개발했다. 행복커넥트 ICT 케어센터 측에서 부정 발화어나 사용 이력 분석 등 데이터 기반의 돌봄이 가능해진 배경이다.

긴급 SOS는 위급상황 시 구조하는 서비스로, 독거노인이 새벽에 건강 악화로 고통스럽거나 낙상 등으로 꼼짝 못 하는 위급상황에 놓였을 때 "아리아, 살려줘" 이 한마디만 외치면 356일 24시간 운영되는 ICT 관제센터(야간에는 SK쉴더스 상황실)에 해당 스피커 사용자의 연락처, 집주소 정보가 즉시 전송된다. 전화로 위급상황을 파악해 보지만 통화 시도에도 연락이 닿지 않을 경우 소방방재청과 협약에 따라 119에 연락해 응급실로 옮기도록 했다.

2019년 4월 AI 돌봄 서비스 시작 이후 2022년 10월 말 기준 337건의 SOS 구조 사례가 발생했다. 경남 거창에 거주하는 어르신은 가슴

• 긴급 SOS 현황

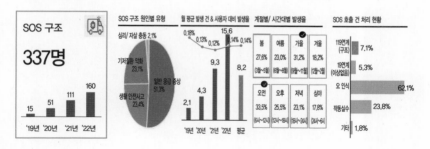

통증이 느껴지고 식은땀이 많이 난다며 SOS 호출로 도움을 요청, 119 연계 후 심근경색으로 판정이 나 스탠스 수술을 받았다. 경기 화성의 또 다른 어르신은 낙상으로 SOS 호출을 했고 119 연계 후 팔과 다리 골절에 따른 수술을 받았다.

119로 이송된 사례는 탈진, 심근경색, 맹장염, 대장천공 등 '생명 위급상황' 및 고혈압, 당뇨 등 기저질환에 의한 '질병 위급상황'이 86%에 달한다. SOS 호출 기능이 없었다면 331건의 독거 노인 사례 중 상당수 대상자들이 변고를 치를 뻔한 상황이었다는 얘기다. AI 돌봄이 독거노인의 사회안전망 역할 및 스마트 복지 구현 모델로 평가받는 근거다.

두뇌톡톡은 치매 예방에 기여하는 기억(인지 강화) 훈련 프로그램이다. 고령화시대에 노인들이 가장 두려워하는 질병은 무엇일까? 사망 원인 1위는 각종 암(癌)이지만 두려워하는 질병은 다름 아닌 치매(癡呆)다. 인구 고령화에 따른 치매 환자가 급증하면서 치료, 간병 등의 사회적 비용과 국가 재정 부담이 심화되고 있다. 치매는 패러다임이 사후 치료보다 예방에 초점이 모아지고 있다. 인지강화 훈련을 통해 치매 이환을 늦춰 치매 발병을 줄여줄 수 있기 때문이다.

중앙치매센터에 따르면 2018년 기준 국내 치매관리 비용은 15조 7,000억 원, 치매 환자 1인당 국가가 부담하는 관리비용이 2,100만 원에 육박한 것으로 나타났다. 특히 치매의 정도가 심한 중증환자의 경우 최경도 환자대비 관리 비용 지출이 3.3배에 달한다.

SK텔레콤은 서울대 의대 이준영 교수팀과 협력해 치매를 예방하기 위한 AI 기반의 인지강화 훈련 프로그램 '두뇌톡톡'을 만들었다. 치매 안심센터에서 사용하는 '메타기억교실'을 인공지능 '누구'에 학습시킨 것으로, 기존에 전문가와 1대1로 이뤄졌던 인지훈련이 혼자서도, 시간에 구애 없이 할 수 있는 장점을 지녔다.

두뇌톡톡 효과성 임상연구 용역결과(2019.10.31~2020. 2.29 65세 이상 남녀 실험군 대조군 각 40명) 장기기억력 15% 향상, 작업기억력 16% 향상, 언어 유창성 10% 향상 등 놀라운 결과를 보였다. 건강정보분야 세계적 저널 JMIR(Journal of Medical Internet Research)에 논문이 게재(2021.02)됐는데, 하루 30분씩 주 5일, 8주 두뇌톡톡이라는 인지강화훈련을 실시한 결과 2년 정도 치매 이환이 지연되는 효과가 예견된 것이다. 이준영 교수팀은 이 같은 성과에 힘입어 바이오 벤처를 설립, 두뇌톡톡 프로그램을 고도화하는 등의 개발을 통해 디지털 치매치료제로 승인받기 위한 연구에 나서고 있다.

소식톡톡은 전화기의 음성 메시지 전달과 같은 AI 스피커의 메시지 PUSH 기능이다. 지자체와 돌봄 센터/케어매니저들이 돌봄 대상 독거

**〈표〉 두뇌톡톡 효과성**

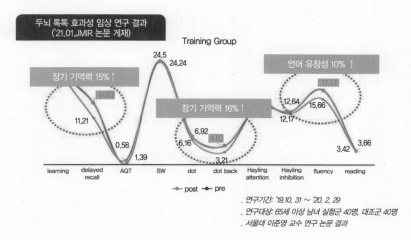

두뇌 톡톡 효과성 임상 연구 결과
('21.01.JMIR 논문 게재)

Training Group

장기 기억력 15% ↑

언어 유창성 10% ↑

장기 기억력 16% ↑

- post - pre

. 연구기간: '19.10. 31 ~ '20. 2. 29
. 연구대상: 65세 이상 남녀 실험군 40명, 대조군 40명
. 서울대 이준영 교수 연구 논문 결과

노인들에게 개별적 또는 단체로 코로나19 현재 상황, 예방수칙, 백신 접종 안내 등 정보를 제공할 뿐 아니라 복약시간 알람, 체조 알람 등 일상 생활 케어에서 독거노인 보호자 역할 등으로 기여하고 있다. 코로나19가 크게 확산하면서 대면 돌봄이 비대면으로 전환되자 그동안 방문형 돌봄에 의존해왔던 보건, 복지 관련자들은 더 이상 서비스를 제공할 수 없는 환경 제약으로 두 손을 들 수밖에 없는 대혼란에 빠져 있었다.

SK텔레콤 AI 돌봄 소식톡톡, 긴급 SOS 등의 특화기능이 팬데믹 시대 취약계층의 버팀목이자 사회안전망 역할을 톡톡히 해내자 독거노인 대상 돌봄의 한계와 공백을 메울 수 있는 대안으로 떠올랐다. 정부와 지자체가 코로나19 3차 추경 예산에 AI 비대면 돌봄 도입 정책을 반영함으로써 전국의 보건소를 중심으로 AI 스피커 돌봄 사업이 도입

됐다. SK텔레콤의 AI 돌봄 기술을 정부가 새로운 복지모델로 도입했다는 의미일 뿐 아니라 AI 스피커 기반의 비대면 돌봄 서비스 시장이 본격 열림으로써 행복커넥트 같은 사회적기업에도 상생의 기회가 생겼다는 의미를 지닌다.

SK텔레콤의 AI 돌봄 관제 시스템은 독거노인의 심리 안정과 우울증 개선의 일등공신이다. 사회적기업 행복커넥트의 전문 심리상담사는 지난 2년 동안 130여 명에게 550회에 달하는 전문 심리상담을 해오고 있다. 독거 노인 대상으로 사전 동의를 받고 AI 스피커 '누구'를 통해 말하는 "우울해" "죽고 싶어" "쓸쓸해" 등의 부정적 발화어를 AI 필터링을 통해 수집, 심리 상담이 필요한 대상자를 찾아낸다. 심리상담사는 이를 기반으로 1주일 내 부정어 발화가 3회 이상이거나 3회 미만이라도 내용이 심각하다면 즉각 심리 상담을 진행한다.

SK텔레콤은 AI 감성사전을 만들어 우울감을 나타내는 키워드 482개, 고독감 관련 단어 1,008개, 안녕감과 행복감 각각 170개, 742개

• 4가지 감정 단어 분류와 기준표

|  | 우울감 | 고독감 | 심리적 안녕감 | 행복감 |
|---|---|---|---|---|
| 상태 | 슬프고 무기력하며 위축된 상황으로 삶의 만족도가 낮은 상태 | 세상과 단절되어 있고 분리되어 있어 심리적, 환경적으로 혼자서 고립된 상태 | 자율적이고 유능성이 있으며 사회 관계가 원활하여 안정적인 상태 | 평화롭고 충만하여 자신감을 가지고 현실에서 즐거움을 느끼며 삶에 몰입한 상태 |
| 단어 예시 | 죽고 싶어, 살기 싫다, 우울해, 힘들어요 | 눈물나요, 긴장돼, 불안해요, 섭섭해, 서러운, 속상해 | 안정돼요, 편안해, 평화로워요, 홀가분해 | 고마워, 사랑해요, 즐거워, 행복하네 |
| 단어 개수 | 482개 | 1,008개 | 170개 | 742개 |

등 어르신들의 감정을 보여주는 지표 단어를 카테고리화해 운용 중이다. 최근 감정 카테고리 단어를 2,400개로 확대하는 등 계속 업데이트하고 있다.

연세대 바른ICT연구소가 AI 돌봄 서비스를 이용하는 독거노인을 대상으로 연구조사한 결과 행복감(5점 만점)은 3.3점에서 3.9점으로 크게 향상됐고, 우울감은 2.7점에서 2.2점으로 크게 낮아졌다. 특히 연구소측은 독거노인들의 자기 효능감이 2.6점에서 3.1점으로 크게 개선된 사실에 주목하고 있다. AI 돌봄 후 스마트폰을 보유한 어르신 중에는 주로 '통화'를 위해 사용했으나 '정보검색'과 '음악감상'이 상당한 수준으로 증가했다. 또한 디지털 기기에 대해 즐거움은 '보통' 수준에서 '즐겁다'로 긍정적 태도로의 변화가 생긴 것이다. 연구소 측은 디지털 취약계층인 고령자들이 '디지털 기기를 잘 사용할 수 있다고 믿는다'는 자기효능감'이 증가해 향후 AI 스피커가 정보이용 격차 해소에 크게 기여할 것으로 내다봤다.

정보통신정책연구원(KISDI)이 2022년 10월 초 발표한 '음성인식 인공지능 기기의 대중화 가능성 연구 자료'에 따르면 30대 이후부터는 연령대가 높을수록 자주 이용한다는 응답 비율이 높아져 70세 이상에서 가장 높은 것으로 나타났다. 연구원은 노령층에서의 보급 및 이용이 확산될 수 있을 것으로 기대했다. 연구 결과의 시사점 중 주목되는 것은 "음성인식 인공지능 기기의 대표격인 인공지능 스피커에 최근 말벗 기능 외에 시니어 돌봄 기능 등이 탑재되고 있고 지자체에서 저소득 독거노인이나 치매 어르신을 위한 보급 사업도 활발히 펼치는 등

이용자 확산을 위한 환경이 조성되고 있다"는 대목이다. 연구원은 인구 노령화, 핵가족화, 1인 가구 증가라는 사회 트렌드 아래 음성인식 인공지능 기기는 노령층뿐만 아니라 독신 가구에서 '반려 가전'으로서의 자리매김이 가능할 것으로 내다봤다.

## 누구(NUGU) 돌봄 케어콜

이와 함께 AI 스피커는 없지만 인공지능(AI 상담사)이 독거노인, 경도 인지 장애인 등 취약계층, 복지 대상자들에게 전화를 걸어 안부를 살피고 불편 사항을 청취해 지자체의 돌봄 공백을 채워주고 돌봄을 지원하는 인공지능 기반의 서비스이다. 전화가 연결되면 AI가 대상자 본인이 맞는지 확인한 뒤 "어제 식사는 잘하셨나요?", "오늘 몸 상태는 괜찮으세요?" 등을 묻는 방식이다. 통화가 끝나면 통화 결과, 안부 상태, 기타 불편 사항 등을 지자체에 전달해 돌봄이 필요한 대상자들에게 지자체가 후속 조치를 할 수 있게 돕는다. 2021년 11월 처음 서비스를 시작해 경남 18개 시군구, 강원 원주시, 경북 경산시, 인천시 치매안심센터 등 총 4,736명 대상자의 안위를 살피고 있다. 특히, 2022년 하반기에는 서울시의 '고독사 방지를 위한 AI 안부확인서비스 사업'에 맞춤형 AI 상담 서비스(비즈콜) 제공 사업자로 참여하여 서울시 총 25개 구 중 20개 지역구(서울시 내 80% 서비스 제공) 관내 총 1만6,000명의 중장년 고립 우려 가구에 AI 안부콜(비즈콜) 서비스를 제공하며 고독사 방지에 앞장서고 있다.

'누구 돌봄 케어콜'은 NUGU 인터랙티브(interactive) 기술(AI가 자연스러운 대화로 업무를 수행하도록 하는 기술)을 적용, 전화를 받는 독거노인 등 대상자들이 실제 사람과 통화를 하는 것처럼 편안하게 응답이 가능하다는 특징이 있다. 예/아니오의 ARS식 문답이 아니라 인간과 같은 자연스러운 음성합성이나 자연스럽고 유연한 대화 시나리오 등으로 구성돼있기 때문이다. 예컨대 "열은 없는데 목이 아파요" 같은 비정형 답변을 이해하는 방식이다. 자가격리자가 "전화 좀 그만하세요"라는 부정적인 반응에 "불편하시더라도 조금만 더 답변 부탁드려요"라고 AI가 양해를 구하는 등 다양한 통화 상황에 대응하기도 한다.

SK텔레콤은 이에 앞서 2020년 코로나19 사태가 걷잡을 수 없이 확산되고 장기화됨에 따라 보건의료 관계자 등 방역당국을 돕기 위한 목적으로 대화형 AI 기술 개발에 나섰다. 2020년 5월 코로나19 확산 감지 후 바로 기획, 개발에 들어가 2개월 만에 서비스가 출시된 것이다. AI가 코로나19 자가격리자/능동감시 대상자의 건강 상태를 전화로 모니터링하는 시스템을 개발, 방역현장의 효율화를 지원하는 '누구 코로나 케어콜'이 바로 각종 NUGU 케어콜 서비스의 원조다.

2020년 5월 첫 서비스를 시작한 코로나 케어콜은 서비스가 종료된 2022년 2월까지 1년 9개월간 78만3,000여 명의 자가격리/능동감시 대상자에게 전화를 걸어 코로나19 증상 발현 여부를 살폈다. 보건당국 관계자들의 전화 문진 업무를 인공지능이 대신한 것이다. 통화 건수로 총 827만 건, 통화시간은 총 7만9,580시간에 달했다. 이를 통해 자가격리,능동감시자 대상의 전화 모니터링 업무가 85%가량 경감됐다. 당연히 코로나19 방역 현장의 공공보건의료관계자들은 본연의 업무인 방역 업무에 집중할 수 있었다.

당시 누구 코로나 케어콜이 필요하다는 지자체에 전면 무상으로 제공했고, 코로나19 대응 방식이 재택치료 중심으로 전환되면서 누구 코로나 케어콜 서비스는 종료됐다. 코로나19 백신 접종 대상자에게 접종 일정을 안내하고 접종 후 이상반응 증상 여부를 모니터링하는 누구 백신 케어콜 서비스는 2021년 6월부터 현재까지 계속되고 있다.

SK텔레콤은 누구 코로나/백신 케어콜의 효과성, 만족도에 힘입어 독거 노인을 대상으로 안부를 묻는 누구 돌봄 케어콜과 고객들의 미납요금을 안내하는 누구 인포콜 등 다양한 서비스로 진화 발전시키고 있다.

## 보이스피싱 피해 예방

휴대폰 전화나 문자메시지, 메신저 등 통신 매체를 범죄수단으로 악용하는 일이 반복되고 있다. 언론에 보이스피싱 등의 피해 사례나 수법이 대서특필되지만 줄어들기는커녕 해가 거듭될수록 범죄 수법은 지능화 · 고도화되면서 금융사기 사건의 피해 규모는 늘어나는 실정이다.

예컨대 '아빠, 나 폰 수리 중인데 010-000-0000으로 카톡 추가해

쥐' 등의 메신저 피싱을 기억할 것이다. 자녀, 택배, 코로나, 청첩장 등을 사칭, 악성 URL을 클릭하도록 유도함으로써 선량한 사람들의 금융정보를 탈취하는 고전적인 방식이다. SK텔레콤은 이같은 사회적 난제를 해결하기 위해 안전한 통신환경을 제공함으로써 고객을 보호하고 피해를 예방하는 활동을 하고 있다.

미끼 문자나 악성 URL이 포함된 스미싱 등의 메신저 피싱과 관련, AI 기반의 스팸/스미싱 필터링 서비스를 2,800만 명의 SKT 가입자에게 제공 중이다. 범죄자가 이런 메시지를 발송할 경우 문자 발송 교환기내 DB(데이터 베이스)에서 스팸/스미싱 문자를 필터링하는 시스템이 작동하게 된다. 한국인터넷진흥원(KISA)에 신고된 메시지를 AI 기반의 시스템이 분석, 판단, 학습함으로써 스팸 문자인지 알게 된다. 필터 도메인의 악성, 유해성이 확인되면 고객들이 범죄자의 문자를 수신하지 못하도록 즉시 차단된다.

SK텔레콤은 KISA 신고 채널 외에 자체 신고채널(#8239)도 운영 중인데, 전담조직이 365일 24시간 즉시 대응/차단하는 활동을 하고 있다. 시민 중에는 "하루에도 많게는 수십 통의 스팸 문자를 받고 있는데 무슨 차단을 하고 있다는 말이냐"는 반문을 할 수 있다. 만약 스팸/스미싱 필터링 작동이 없다면 범죄 조직들이 뿌려대는 스팸 문자가 지금보다 몇 배나 늘어날 것이 자명하다. 당연히 사기 피해자도 더욱 늘어났을 것이다.

고객에게 전화를 걸어 금융사기를 벌이는 이른바 보이스피싱 수법도 날로 교묘해지고 있다. SK텔레콤은 고객 피해 예방을 위해 음성

스팸 차단 서비스를 제공 중이다. 2018년부터 AI를 적용, 스팸 확률을 분석하는 한편 2021년부터는 발신차단 기능도 도입했다.

특히 발신차단 기능은 국내 통신 3사 중 유일무이한 시스템이다. 보이스피싱 범죄 조직의 수법은 이렇다. 우선 불특정 다수의 시민에게 스팸 문자를 뿌려 시민들 휴대폰 내에 악성 앱을 설치하는 것부터 출발한다. 시민들이 실제 검찰청(1301) 같은 수사당국에 전화를 걸어 문자의 진위를 파악하고자 해도 이미 설치된 악성 앱으로 인해 검찰청 전화번호가 범죄조직 내 번호로 자동 변경된다. 시민들은 이 사실을 모르기 때문에 범죄조직에서 "검찰청이 맞다"고 답변하는 것을 놓고 사기 전화가 아니라는 확신을 갖게 돼 오히려 범죄사기에 걸려들 가능성이 높아진다.

• SKT의 보이스피싱, 문자스팸 · 스미싱 범죄 발생 대응 현황

| 범죄 수법/수단 | 보이스피싱, 문자스팸 · 스미싱 범죄를 막는 SKT의 ICT 기술/서비스 |
|---|---|
| 사칭 문자 발송 | **AI 기반 스팸 · 스미싱 필터링 시스템**<br>· 딥러닝, 다중 필터링 적용해 스팸 · 스미싱 문자 차단<br>· 한국인터넷진흥원과 협업해 대응<br>· 개통 시, 무료 부가 서비스 가입으로 스팸 · 스미싱 문자 차단되며, 'T스팸 필터링' 앱으로 별도 개인 설정도 가능 |
| 사칭 전화 연결 | **음성 스팸 및 보이스피싱 차단 시스템**<br>· 경찰청 전국 신고번호 및 금융보안원 가로채기 번호에 대한 고객의 전화 연결 시도를 차단<br>· 고객이 전화 연결 시도 시, 발신 차단과 함께 안내 멘트 송출<br>· 'T전화'의 안심통화, 안심녹화 기능 통해 서비스 제공 |
| 악성 앱 설치 시도 | **악성 앱 설치 링크 접속 차단**<br>· 스미싱 URL 악성 여부 판별 후 고객 접속 시도 차단 |

출처 : SK텔레콤 뉴스룸(news.sktelecom.com)

소위 '번호 가로채기'라는 이 같은 지능적인 수법에 대응하기 위해 SK텔레콤은 경찰청과 금융보안원으로부터 넘겨받은 가로채기 번호를 확보, 고객의 전화 연결 시도를 실시간으로 차단하고 있다.

SK텔레콤은 보이스피싱 발신 차단 서비스를 통해 2021년 한 해 동안 3만2,271건의 보이스피싱 전화 연결을 차단, 금융사기 피해를 예방했다.

한국금융소비자보호재단의 금융실태 조사에 따르면 금융사기 피해

• SKT의 보이스피싱, 문자스팸 · 스미싱 범죄 대응 프로세스

경험률은 3.5%에 달하며 금감원, 경찰청에서는 보이스피싱 1건당 피해액이 평균 2,300만 원(2021년 기준)이라고 밝히고 있다. 2021년 한 해 3만2,000여 건의 보이스피싱 발신차단 건수를 감안할 때 피해 경험율(3.5%)에 의한 피해액은 259억 원에 달한다. 다시 말해 SK텔레콤이 보이스피싱 전화연결 시도를 차단함으로써 한 해 동안 259억 원의 금융피해 예방이라는 사회적 가치를 창출했다는 의미다.

2022년의 경우 8월 말까지 스팸 문자 4억8,000여 건, 스미싱 3억7,000여 건, 5만8,556건의 보이스피싱 범죄번호를 차단해 선량한 국민의 사기피해를 예방했다. 하지만 보이스피싱 범죄조직은 지금 이 순간에도 사법당국, 금융당국, 통신사의 대응을 지켜보며 또 다시 새로운 지능적 수법을 찾아 국민에게 접근하고 있다. 쉽게 끝날 것 같지 않은 치킨게임임을 잊지 말아야 할 것이다.

---

**1**  심리학자 앨버트 밴듀라(1997)는 개인이 결과를 얻는 데 필요한 행동을 성공적으로 수행할 수 있는 기술에 대한 신념이라고 정의했다. 2019년 노벨경제학상 수상자인 바너지, 듀플로, 크레머는 취약계층 차원에서 단순한 경제적 지원보다는 자기효능감(self-efficacy) 등의 개선을 통한 사람의 변화가 더 중요하다고 설명한다.

# 04 배리어 프리 프로젝트

장애인의 재활의지를 끌어올리고 장애인에 대한 국민의 이해를 높여 모두가 동등하게 살아갈 수 있도록 하자는 취지로 지금부터 40여 년 전인 1981년 장애인의 날(4월 20일)이 제정됐다. 한 세대가 훌쩍 지난 지금 장애인은 차별 없이 동등한 권리를 누리고 있을까?

SK텔레콤 구성원들은 '아직까지도, 여전히' 장애인들에게 일상의 문턱은 높다고 생각한다. 이에 회사가 보유한 기술과 역량을 활용해 장애인들이 스스로 주체적으로 삶을 살아갈 수 있도록 다양한 프로그램들을 발굴해 추진하고 있다. 이른바 착한 AI 기술로 사회적 난제인 장애인에 대한 일상의 장벽을 무너뜨리는 '배리어 프리(Barrier Free)[1] 프로젝트'다.

SK텔레콤은 장애인이 일상에서 겪는 허들을 낮춤으로써 삶의 질을 개선하는 데 목표를 함께하는 소셜벤처들과 손을 잡고 누구(NUGU)

AI를 접목하는 방식을 통해 '고요한M', '착한셔틀', '설리번 플러스 X NUGU' 등의 다양한 배리어 프리 AI 프로젝트를 추진 중이다. 공통점은 AI 기반의 장애 극복 협력 프로젝트라는 것이다. 우리나라는 많은 소셜벤처들이 배리어 프리 서비스를 만들고 있지만 수익성 등의 문제로 지속가능한 운영을 이어가지 못하고 있는 실정이다.

'고요한M'(고요한택시)은 ICT 기술을 이용해 청각장애인 택시기사 일자리를 창출하고 청각장애인 택시기사들이 안전하게 운전할 수 있도록 돕는 서비스이다. 청각장애인이 택시기사 직업을 원활히 수행할 수 있게 ICT 기반의 소통 환경을 구축함으로써 청각장애인의 고용을 늘리는 데 기여하는 것이다. 2018년 코액터스라는 스타트업은 국내 청각장애인 중 운전면허를 보유한 10만 명가량을 대상으로 택시기사 직업을 통해 경제적 자립을 하게 하자는 미션을 갖고 고요한 택시 서비스를 시작했다.

SK텔레콤은 코액터스와 손을 잡고 2019년부터 UT(구 T맵택시) 앱 안에 운전 중에도 택시호출 신호를 눈으로 잘 인지할 수 있도록 청각장애인 기사 호출(깜빡이 알림) 기능을 담았다. 또한 음성인식 AI NUGU를 탑재해 승객과 기사 간 음성-텍스트 커뮤니케이션 전환이 이뤄지도록 했다. 승객이 음성으로 요청하는 내용이 청각장애인 기사에게는 문장으로 보이고, 기사가 글을 쓰면 승객은 음성으로 내용을 전달받도록 의사소통의 편의성을 높였다. 안전한 차량 운전을 지원하기 위한 ICT 기능 개선과 UT 호출 연계는 고요한M 서비스의 핵심 경쟁력으로 자리 잡았다. 그 결과 2018년 코액터스 소속 청각장애인 기사는

고요한M에 탑재된 SK텔레콤의 ICT 기술을 SKT 구성원이 고요한M 기사에게 설명하는 모습

13명에서 2020년 68명으로 늘었고 2022년 말에는 160명 남짓의 청각장애인 기사를 고용할 전망이다.

ICT 기술뿐 아니라 투자 지원까지 더했다. 코액터스는 2021년 SK텔레콤이 만든 ESG 펀드로부터 투자받은 1호 투자기업이다. 이 투자 덕에 운행차량이 2020년 10대에 불과했으나 2022년 100대로 늘면서 청각장애인 기사 규모도 증가했다.

'착한셔틀'은 일종의 발달장애인 근로자의 셔틀 버스다. 착한셔틀 서비스는 고요한M처럼 장애인 고용을 직접 창출하지는 않지만 장애인들의 이동권 개선은 물론 장애인 고용을 유지하는 데 크게 뒷받침하는 기반 서비스이다. 전국의 발달장애인은 25만여 명인데 이들이 버스나 지하철로 출퇴근하려면 중간에 환승이나 복잡한 경로 때문에 불편과 위험을 감수해야 한다. 착한셔틀을 유휴차량을 활용해 만든 장애 근로자 전용 셔틀버스이므로 장애인 콜택시보다 훨씬 저렴하고 이용하기가 편하다.

SK텔레콤은 출퇴근 공유 셔틀 멤버십 서비스를 운영 중인 '모두의 셔틀'이나 '이동의 자유' 등 소셜벤처를 비롯해 성남시 같은 지자체, 장애인고용공단 등과 협력해 발달장애인 근로자의 행복한 출퇴근길을 제공한다. 장애인 근로자 자택까지 운행해 출퇴근 안전과 효율적인 시간관리를 지원하는 한편 착한셔틀에 탑승한 보조원이 승하차 여부 및 탑승 확인 등의 정보를 보호자에게 공유하는 방식이다. 위치기반 기술을 활용해 집에서 직장까지(Door to Door) 실시간 위치 확인, T맵 내 최적 경로 기반의 단거리 출근길을 구성, 장애인의 이동권을 개선해 나간다. 이에 따라 평균 출근 시간은 50분에서 35분으로 30% 단축됐고, 월 교통비는 3만2,380원에서 2만5,000원으로 23% 절감됐다. 이용자 만족도가 기존 31.7%에서 93.4%로 3배 이상 높아진 것은 당연한 결과다.

장애인고용공단과 사회적기업 행복커넥트는 노선 확장, 장애근로자 수 확대를 위해 예산과 서비스 지원인력 제공을 함께 하고 있다. SK하이닉스, 쿠팡 등 대기업이 발벗고 나서서 자사 장애인 표준사업장에서 근무하는 장애인 근로자의 출퇴근 이동을 지원 중이다. 그 결과 착한셔틀이 운영되는 재활시설은 2021년 7곳에서 2022년 16곳으로 늘었고, 이용하는 장애인 근로자 수 역시 2021년 79명에서 2022년 300명으로 크게 증가했다. SK텔레콤은 여기에 만족하지 않고 2022년에는 장애인 근로자들이 착한셔틀 승차 여부를 자동으로 확인할 수 있게 얼굴 인식 AI 기술을 장착해 탑승 확인 문자까지 실시간 전송함

착한셔틀을 이용하는 발달장애근로자의 안전한 하차를 돕는 승하차 도우미
의 모습

으로써 보다 안전하고 편리한 착한셔틀 운영을 뒷받침하고 있다. SK
텔레콤은 앞으로 착한셔틀을 발달장애인뿐 아니라 고령자, 임산부 등
모든 교통약자를 위한 서비스로 확대한다는 계획이다.

'설리번 플러스 X NUGU'는 시각장애인의 눈(眼)을 대신해주는 SK
텔레콤의 배리어 프리 AI 서비스이다. 소셜벤처인 투아트(Tuat, 조수원
대표)의 시각장애인 활동 보조 앱인 '설리번 플러스'에 SK텔레콤의 음
성 AI를 접목, 모든 기능이 음성 명령으로 실행된다. 특히 올해는 SK
텔레콤의 안면인식 AI 기술 'SKT NUGU 페이스캔(Facecan)'을 적용해
시각장애인들이 가족, 친구는 물론 주변 사람을 보다 쉽게 인식할 수
있도록 했다. 누구 페이스캔 솔루션은 SK텔레콤 영상인식 기술셀에
서 자체 개발한 AI 엔진으로 코로나19로 마스크를 착용한 사람의 얼
굴까지도 인식할 수 있다. 이에 따라 스마트폰 내 카메라로 사물을 비
추면 AI가 주변 사물은 물론 사람, 문자까지도 인식해 음성으로 설명,

'설리번 플러스 x NUGU' 서비스로 2022년 MWC GLOMO Award를 수상하는 장면

안내해준다.

투아트는 5년 전 스마트폰 카메라를 통해 저시력자는 물론 전혀 볼수 없는 시각장애인들이 사람이나 글자, 사물, 색상 등의 인식을 돕는 앱 서비스를 출시해 시각장애인들로부터 만족감을 얻었지만 정작 사용자가 많지 않았다고 한다. 시각장애인으로 생활하는 데 필요한 특수교육을 받지 못한 상당수의 중도 시각장애인에게는 화면을 일일이 터치해 메뉴를 찾는 화면 읽기 기술이 익숙하지 않아 사용하는데 불편함이 있었기 때문이다. 하지만 NUGU 음성 AI를 접목한 덕에 "아리아, 앞에 뭐가 보여?"라고 말하면 일상 대화하듯 설리번 플러스를 이용할 수 있어 시각장애인 사이에 인기가 높아지고 있다. '설리번 플러스 X NUGU'는 세계적 권위의 GSMA 글로벌 모바일 어워드(Global Mobile Awards, GLOMO)2022에서 '접근성·포용성 위한 최고의 모바일 사

용 사례' 부문을 수상했다. GSMA(Global System for Mobile Communications Association, 세계이동통신사업자연합회) 심사위원단은 선정 이유에 대해 "시각 장애인들이 매일 마주하는 어려움에 대한 깊은 이해를 바탕으로 만들어진 서비스로, ICT를 바탕으로 장애인들이 겪는 허들을 낮춘 긍정적 혁신"이라고 밝혔다. 이에 앞서 2020년에는 소셜벤처 코액터스와 함께 청각장애 택시기사 보조 앱 서비스 '고요한 택시' 역시 'GSMA 글로벌 모바일 어워드'를 수상한 바 있다. GSMA는 사회적 약자를 돕는 ESG 관련 기술이나 서비스를 대상으로 매년 시상하고 있다.

## 장애 청소년 행복코딩스쿨

우리 자녀에게 물고기를 주는 대신 물고기 잡는 법을 가르쳐주라는 말이 있다. SK텔레콤이 ICT 기업이라는 본업의 역량을 활용, 2019년부터 현재까지 장애 청소년을 대상으로 코딩교육 프로그램을 개발, 제공하고 있다. 회사는 왜 장애 청소년의 코딩교육에 주목했을까? 당시 정부와 사회는 4차 산업혁명 시대, 디지털 대전환 시대라는 큰 변화의 흐름에 맞춰 미래 주역 세대인 청소년들이 코딩 역량을 갖춰야 한다는 데 공감대를 형성하고 초등학교, 중학교부터 코딩교육을 의무화했다. 서울 강남지역 학부모들 사이에서는 소위 주요 과목인 '국영수' 반열에 코딩을 추가, 자녀들을 학교 수업에 이어 코딩 학원에 보내는 열풍까지 일었다.

발달　시각　청각　지체　특수학급

**언플러그 활동**

간단한 놀이를 통하여 컴퓨팅 사고력을 향상

**피지컬 컴퓨팅**

S/W를 활용하여 H/W를 제어하는 융합수업

**코딩**

명령어 블록으로 순차, 조건 등의 알고리즘 구현

이에 반해 장애학교 학생들은 코딩교육은 꿈도 꾸지 못하는 실정이었다. 청각장애, 시각장애, 발달장애 등 각기 다른 장애 유형이나 정도에 맞춰 개발된 코딩 교과서나 교재가 없었기 때문이다. 또 장애학생들에게 코딩교육을 시킬 교사, 강사도 매우 부족했다.

SK텔레콤은 당시 코딩교육이 의무화됐음에도 코딩 교재 부재나 강사 부족으로 장애 청소년들이 SW교육을 받을 기회마저 없다는 점을 교육의 접근성 등 기본권 문제로 여겼다. 국립특수교육원과 SW혁신센터협회와 협력해 장애 청소년 대상 코딩교육 프로그램인 '행복코딩스쿨'을 만들어 운영하게 된 계기였다. 전국의 특수교육학과 및 소프트웨어 교육학과 교수, 특수학교 교사 등 30여 명의 전문가들이 시각 · 청각 · 발달 · 지체 장애 및 특수학습 학생 등 5개 장애 유형의 특징을 반영해 교재 14종을 만들었다. 이 교재들은 국립특수교육원의 특수교육 전문 교육자료 포털인 에듀에이블에 공개돼 누구나 무료로 다운받아 사용할 수 있다.

장애 청소년과 학교 측의 코딩교육에 대한 반응은 매우 뜨겁다. 한 학기에 10~20개 학교 대상으로 행복코딩스쿨이 개설되는데, 경쟁률이 3, 4대 1이 될 정도로 인기가 높다. 지금까지 4년간 128개 학교 1,294명의 장애 청소년을 대상으로 코딩교육을 진행해오고 있다. SK텔레콤은 장애 청소년의 특성을 잘 이해하는 코딩 전문 강사를 학교에 보내 장애인 학교의 교수들도 수업 보조를 하면서 코딩교육 감각을 익히도록 했다.

· **연도별 참여 학교, 학생 수**

| 구 분 | 합 계 | 2019년 | 2020년 | 2021년 | 2022년 |
|---|---|---|---|---|---|
| 참여 학교 | 128 | 40 | 14 | 51 | 23 |
| 학생 수 | 1,294 | 450 | 142 | 464 | 238 |

코딩교육 콘텐츠도 지속적으로 업그레이드하고 있다. 2019년에는 코딩교육 로봇인 알버트를 활용한 블록코딩 중심의 기초과정에 그쳤으나 2021년부터는 개인 및 팀단위로 텍스트 코딩을 하며 코딩 프로젝트를 수행하거나 웹사이트를 구축하는 심화과정을 추가했다. 영어로 된 교재도 제작해 필요한 학생이나 학교가 다운받아 사용할 수 있

| 블록 코딩: 게임프로그래밍 | 파이썬(Python) 프로그래밍 | AI 융합 기초 | AI 융합 심화 |

도록 오픈하고 있다.

SK텔레콤은 행복코딩스쿨 프로그램을 통해 장애 청소년들에게도 동등한 교육 기회를 제공하고 IT 재능을 발휘할 수 있는 계기가 되기를 기대하고 있다. 이제 세상은 코딩을 통해 문제를 해결하는 단계를 밟아 가고 있다. 코로나19 발생 초기 마스크를 판매 중인 약국이 내 주변 어디에 있는지 실시간으로 앱을 통해 확인했던 일을 기억할 것이다.

IT강국답게 정부가 아닌, 민간의 젊은 사람들이 코딩 역량을 앱에 구현해 마스크 구입 대란이라는 문제 해결에 나섰던 것이다. 이는 앞으로 새로운 이슈가 발생할 때마다 코딩을 통해 문제를 해결할 것을 짐작하게 하는 단적인 사례이다.

이러한 노력을 대외적으로 인정받아 2020년 GSMA가 주관하는 세계적 권위의 'Global Mobile Awards' 시상식에서 '청소년을 위한 모바일 STEAM(Science, Technology, Engineering, Arts, Mathematics) 활동분야' 최

우수상을 받았다.

코딩교육을 받은 장애 청소년들이 그동안 축적된 코딩 실력을 겨루는 축제의 장을 마련하는 것도 회사의 몫이다.

SK텔레콤은 1999년부터 지금까지 23년간 장애 청소년을 대상으로 IT 관련 경진대회를 개최, 꿈과 희망을 품고 펼치게 했다. 초창기에는 정보검색 대회였으나 시대의 변화에 따라 명칭도 메이커톤 대회, 행복코딩 챌린지 대회로 바뀌고 있다. 하지만 장애 청소년에게도 이처럼 중요한 코딩 역량을 갖출 교육 기회가 주어져야 한다는 점은 변함이 없다.

가장 최근인 2022년 10월에 열린 SK텔레콤 코딩 챌린지 대회의 경우 학생들이 동물보호, 빈곤퇴치, 재난극복 등의 과제를 해결해 가는 노력을 통해 스스로 사회가 필요로 하는 가치를 창출할 수 있음을 느끼도록 했다.

학생들이 미래 세대 필수 역량인 코딩교육을 통해 인지 능력이나 문제 해결 능력을 키우고 성취감을 가져봄으로써 성인이 돼서 미래 세상을 만들어가고 사회에 기여할 수 있는 직업을 갖기를 소망해본다.

장애 청소년의 미래에 중요한 것은 복지 차원의 보조금이 아니라 자신의 가능성을 발굴하고, 당당한 사회 구성원으로서 주체적인 삶의 주인이 될 수 있도록 비장애인과 동등한 교육을 받게 해주는 것이 아닐까?

---

1 배리어 프리는 장애인도 비장애인처럼 일상의 삶을 편하게 누릴 수 있는 환경을 만들기 위해 물리적 장애물, 제도적 장애물을 없애는 활동이다.

# 05 ALLIANCE: 혼자가 아닌 함께

　　SK텔레콤은 2022년 業(업)을 재정의하고 비즈니스 모델을 혁신하는 AI 대전환(Transformation)을 추진하는 'SKT 2.0 시대'를 선언했다. 이에 맞춰 ESG 활동 또한 SK텔레콤의 핵심 사업과 기술을 AI 대전환과 연계해 구성원, 주주, 사회 등 다양한 이해관계자들로부터 사랑과 신뢰받는 기업이라는 ESG 2.0으로 진화 중이다. 특히 스타트업과 함께 성장하고 함께 가치를 만들어가는 ALLIANCE와 PARTNERSHIP이 그 방향성이다.

　SK텔레콤은 2013년부터 10년간 스타트업의 비즈니스 경쟁력을 강화시키면서 이들과 함께 환경, 사회 등 사회적 문제해결에 나섰다. 브라보 리스타트(2013~18년, 48개사), 101 스타트업 코리아(2013~18년, 66개사), 드림벤처 스타(2014~19년, 44개사), 어드밴스트 벤처스타(2015~17년, 4개사), 청년비상(2016~18년, 35개사), 트루 이노베이션 5GX(2019~21년, 36개

• SKT True Innovation 프로그램 지원 스타트업 현황

### 지원 스타트업 연도별 현황

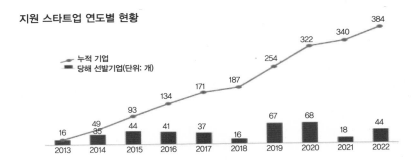

사), 트루 이노베이션 모빌리티(2020년, 12개사), 트루 이노베이션 NUGU play 개발공모전(2019년 23개사), IMPACTUPs(2019~20년, 21개사) 트루 이노베이션 빅데이타(2020년, 10개사), 트루이노베이션 Young(2020~21년, 10개사), 임팩트 메이커스(2020~21년, 4개사) 등의 프로그램으로 스타트업 384곳(중복 제외 360곳)과 함께 했다.

2021년부터는 그동안의 역량을 결집해 스타트업의 ESG 성장을 돕는 ESG 코리아(2021년~현재, 28개사), SK텔레콤과의 사업연계를 강화한 트루 이노베이션(2021년~현재, 28개사) 두 개 프로그램으로 체계화했다. ESG 스타트업 지원과 협력을 통해 우리 사회에 새로운 성장동력을 만들고 혁신의 방식으로 사회문제 해결에 나서고 있다. 특히 2021년에는 우리 사회에 선한 영향력을 주는 기업에 펀드 조성을 통한 투자를 지원했다.

SK텔레콤의 스타트업 육성 프로그램에 참여한 스타트업 중 자료를 공개한 149개 기업을 대상으로 살펴봤더니 2022년 9월 기준으로 이

들의 기업가치는 총 6조 원으로, 기업당 평균 400억 원의 가치를 지녔다. 불과 2년전인 2020년 말 기준 총 기업가치 1조 4600억 원, 기업당 평균 173억 원의 가치와 비교하면 기업가치가 2배이상 급성장했다. SK 스타트업 지원 프로그램이 비즈니스 모델 정립에서부터 SK텔레콤 사업부서와 사업협력 프로젝트까지 다양한 방식으로 성장지원을 하고 있을 뿐 아니라 육성 프로그램 종료 후에도 후속 프로그램을 연계함으로써 스타트업의 지속가능한 성장을 뒷받침해주고 있다.

구체적으로 살펴보면 SK텔레콤은 스타트업 액셀러레이터로서 지원대상 기업과 함께 컬래버(Collabo) 프로젝트를 강화하고 있다. 특히 2019년 트루 이노베이션 프로그램 이후 2022년(9월 기준)까지 SK텔레콤과 사업협력이 총 40건 이뤄졌다.

앞서 언급한 코액터스의 고요한M 프로젝트, 모두의 셔틀과의 착한 셔틀 프로젝트 등이 컬래버 프로젝트의 일환이다. 이투온의 빅데이터

• SKT True Innovation 프로그램 지원 스타트업 현황

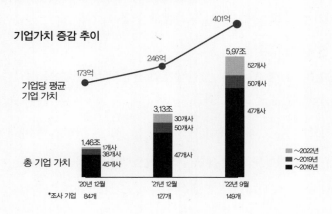

기업가치 증감 추이

• SKT와 스타트업의 컬래버 프로젝트

리버스랩 Yellow Bus
리버스랩 제공

누비랩
출처 : 인공지능신문, www. Airtimes.com

기반 범죄예측 모델 프로젝트를 통해 SK텔레콤의 위치기반 데이터와
공공정보를 결합, 데이터 기반의 범죄예측 모델을 개발하는 한편, 누
비랩과는 Zero Waste 캠페인에 협력, SK텔레콤 구내식당내에서 잔반
줄이기를 통한 탄소저감 ESG 캠페인 및 식습관 기반의 AI 헬스케어
솔루션을 개발했다.

아울러, 음성 AI 기반 시각장애인 활동보조서비스를 제공하는 투아
트와는 스마트폰 카메라로 인식된 사람, 사물, 문자, 색상 및 밝기 등
의 정보를 AI로 분석하여 음성으로 안내하는 서비스를 개발했다. 디
지털 트윈 메타버스 공간구축 및 실사 기반 메타버스 플랫폼을 서비
스하는 예간아이티와는 이프랜드내 실사 기반 랜드 구축을 강남역 모

델과 미국 LA 그리피스 천문대 모델을 중심으로 컬래버하고 있다. 메이아이는 영상을 활용한 오프라인 방문객 데이터 분석 서비스를 제공하는데, 이 서비스를 이용해 CCTV 영상을 활용한 T팩토리 방문객 데이터 분석 서비스를 제공하고, Edge device의 AI 모델 경량화 솔루션을 보유한 노타와는 고속 콘텐츠 영상화질 개선 AI 최적화 컬래버를 진행했다.

MWC(모바일 월드 콩그레스) 등 해외 전시회를 통한 스타트업의 해외 진출도 지원 중이다. 2019년부터 'SK텔레콤과 함께 하는 소셜 임팩트'라는 주제를 시작으로 스페인 바르셀로나에서 열리는 MWC 행사에 협력 스타트업과 동반해 참가하고 있다. 혼자가 아닌 함께의 힘과 ICT 기술로 세상의 난제를 해결하자는 ESG 경영의 일환이다.

실제 2022년 5월 셀프 인테리어 쇼핑몰인 '오늘의집'이 시리즈 D 투자를 유치하고 기업가치 2조 원으로 평가받으면서 SK텔레콤 스타트업 지원 기업 중 첫 유니콘 탄생이라는 경사가 났다. 기업가치 1,000억~1조 원의 예비유니콘 기업으로는 맞춤형 의료용 플라즈마 멸균기 사업을 하는 플라즈맵(2020년 선정)과 초신선 정육 쇼핑몰인 정육각(2022년) 두 곳이 있다.

이 밖에 기업가치 1,000억 원을 바라보는 아기유니콘으로는 비주얼캠프(AI 기반 시선 추적/분석, 2020년), 비트센싱(이미징 레이더 솔루션, 2021년), 시큐리티 플랫폼(IoT 보안 솔루션, 2021년), 브이픽스메디컬(차세대 디지털 생검 장비개발, 2021년)등이 있다.

SK텔레콤이 지원한 스타트업 중 투자유치 실적을 조사한 결과 2022

년 8월 기준 총 1조3,406억 원에 이르렀다. 특히 2020년 이후 최근 3년간 84개 기업이 총 1조745억 원(기업 평균 128억 원)을 유치하는 등 스타트업의 투자 유치 규모가 점차 커지고 있다.

SK텔레콤은 ICT 혁신 스타트업의 지속가능한 성장을 위해 2021년 SK텔레콤–카카오 ESG펀드(208억 원)에 이어 2022년 통신 3사 ESG펀드(400억 원)를 조성했다.

2022년 9월 기준 SK텔레콤–카카오 펀드는 9개 기업, 통신 3사 ESG 펀드는 4개 기업에 투자 완료한 상태다.

ESG펀드 조성은 성장 잠재력이 큰 ESG 분야 스타트업을 초기에 발굴해 기업 경쟁력을 제고하는 한편 투자를 통해 기업 성장을 지원하기 위함이다.

향후 기업가치가 유니콘, 예비유니콘급으로 증대, IPO(기업공개) 등으로 이어질 경우 투자금과 수익금을 회수, 더 많은 혁신 스타트업 대상 액셀러레이팅 프로그램에 투자함으로써 스타트업 성장 전반에 걸친 선순환 육성 체계를 구축할 계획이다.

- **Bloomberg** : 전 세계 기업의 ESG 공시 데이터를 제공하는 기관으로 각 기업에서 공개한 정보를 수집, 검증한 후 블룸버그 터미널에 공개함. ESG 각 영역의 가중치가 1/3씩 동일하게 적용되며, 평가 점수는 100점 만점 기준으로 정량 평가 실시 후 산업별 특성을 반영하여 최종 산출됨

- **CDP(Carbon Disclosure Project)** : 2000년 영국에서 설립된 국제 비영리기구임. 전 세계 9,600여개 기업의 기후변화 대응 등 환경경영 관련 정보 공개를 요구하고, 공시 정보를 분석해 투자자 및 금융기관에 제공하고 있음. 매년 발표되는 CDP 평가 결과는 ESG 투자 의사 결정을 위한 근거 데이터로 활용되고 있음

- **CER(Certified Emission Right)** : 탄소인증 감축량으로 교토의정서의 CDM(청정개발체제, Clean Develop Mechanism) 사업을 통해 온실가스 배출량을 줄인 실적으로 탄소배출권의 한 종류

- **CHRB(Corporate Human Rights Benchmark)** : 매년 주요 글로벌 기업의 인권 경영에 대한 평가 결과를 공개하는 기업 인권 벤치마크를 의미함. 인권 경영에 참조할 수 있는 모범적인 사례를 만들기 위해 투자자와 시민단체가 협업을 통해 평가 결과는 공개하는 협업 단체이며, 기업들이 UN 인권이행지침이나 OECD의 기업 책임경영을 위한 실사 지침을 얼마나 구체적으로 실현하고 있는지 평가함

- **GRI(Global Reporting Initiative)** : 기업의 지속가능 보고서에 대한 가이드라인을 만들어 제시하는 UN의 협력기관임. 가이드라인은 경제적 측면, 환경적 측면, 사회적 측면 등 3가지 범주에 걸쳐 분류되어 있으며, GRI 가이드라인을 채택하여 보고서를 발간하는 기업이 급증하고 있음

- **ISO26000** : 국제 표준화 기구(ISO : International Organization for Standardization)가 2010년 발표한 기업의 사회적 책임(CSR : Corporate Social Responsibility)에 대한 국제표준임. 사회의 모든 조직이나 기업의 의사결정 및 활동 등을 할 때 소속된 사회에 이익이 될 수 있도록 하는 책임을 규정한 것임. 지배구조, 인권, 노동관행, 환경, 공정거래, 소비자 이슈, 공

동체 참여 및 개발 등 7대 의제를 사회적 책임 이슈로 규정하고, 이에 대한 실행지침과 권고사항 등을 담고 있음

- **LTIR(Loss Time Incidents Rate)** : 20만 근로시간 당 휴업 재해 발생 건 수 → 산출식 : 총 근로손실재해 건 수(구성원+협력사 직원) ÷ 총 근로시간(구성원+협력사 직원) X 200,000

- **MWC(Mobile World Congress)** : 세계이동통신 사업자협회가 주관하는 모바일 산업 및 컨퍼런스로 매년 2월 스페인 바르셀로나에서 개최되며 세계최대 통신분야 박람회

- **OIFR(Occupational Illness Frequency Rate)** : 20만 근로시간당 모든 치료 대상 재해 발생 건 수 → 산출식 : 직업성 질환 발생 건 수 ÷ 총 근로시간 X 200,000

- **RPS(Renewable energy Portfolio Standard)** : 신 · 재생에너지 공급 의무화를 의미함. 신 · 재생에너지 공급 의무화(RPS)는 정부가 신 · 재생에너지 확대를 위해 시행하고 있는 제도임. RPS 의무를 지닌 발전사업자는 신 · 재생에너지 발전설비를 건설해 공급의무비율을 맞춰야 함

- **S&P 500** : 국제 신용 평가 기관인 미국의 Standard and Poors(S&P)가 작성한 주가 지수로 뉴욕 증권 거래소에 상장된 기업의 주가 지수임

- **SASB(Sustainability Accounting Standards Board)** : 지속가능성 회계 기준 위원회를 의미함. 2011년 미국 증권거래원회(SEC)에 보고할 기업의 공시 기준 마련 목적으로 설립. 2018년 77개 산업별 지속가능성 보고 표준인 SASB Standards를 발표하였고, 기업 비재무정보 공시 표준을 제공함과 동시에 각 산업별 중대 이슈에 관한 정보 공개를 요구하고 있음

- **SBTi(Science Based Target Initiative)** : 기업, 금융기관 등 대상 파리협정에 부합하는 과학기반 온실가스 배출 감축목표 수립을 지원하기 위한 글로벌 이니셔티브

- **SSP(Shared Socio-economic Pathways) 시나리오** : 공통사회경제경로로 번역되며 IPCC 6차 보고서에서 온실가스 감축 수준 및 기후변화 적응대책 수행 여부 등에 따라 미래 사회경제 구조가 어떻게 달라질 것인지 고려하는 시나리오

- **Sustainalytics** : 1992년 설립된 ESG 평가 기관으로 2020년에 글로벌 펀드 평가회사인 모닝스타 (Morningstar)에 인수됨. Sustainalytics의 ESG 평가는 각 기업의 공개된 정보를

기반으로 ESG 리스크가 기업의 재무가치에 미치는 영향을 측정함. 평가 결과는 0~50 사이의 점수 및 등급으로 표시되며, 점수가 높을수록 기업의 ESG 리스크가 크다는 것을 의미함

- **TCFD(Task Force on Climate-related Financial Disclosures)** : 기후 변화 관련 재무 정보 공개 협의체를 의미함. 주요 20개국(G20) 재무장관 및 중앙은행 총재들의 협의체인 금융 안정 위원회가 기업들의 기후 관련 전략 정보 공개를 목적으로 2015년에 만든 협의체임. 지난 2017년 기후 변화 관련 4가지 핵심 요소인 지배구조, 전략, 리스크 관리, 측정지표 및 목표로 구성된 정보 공개 권고안을 발표한 바 있으며, 4개 주요 항목의 공개를 통해 기업이 기후 변화 관련 위험과 기회를 조직의 위험 관리 및 의사결정에 반영하도록 하는 것을 목표로 함

- **UNEP(UN Environment Programme)** : 유엔 환경계획으로 환경에 관한 유엔의 활동을 조정하는 기구

- **UNGC(UN Global Compact)** : UNGC의 핵심 가치인 인권, 노동, 환경, 반부패 분야의 10대 원칙을 기업이 그 운영 및 경영전략에 내재화 시키도록 권장하고, 이를 위한 실질적 방안을 제시하는 세계 최대의 자발적 기업시민 이니셔티브임

- **UNGPs(United Nations Guiding Principles on Business and Human Rights)** : 인권, 다국적 기업 및 기타 기업체 문제 관련 유엔의 '보호, 존중 및 구제 방법'체제를 시행하는 31 가지 원칙으로 구성된 기구임

- **WMO(World Meteorological Organization)** : 세계기상기구로 1950년 설립되었으며 기상 관측을 위한 세계의 협력을 목적으로 설립된 UN 산하기관

- **배출계수** : 연료 사용량, 제품 생산량, 원료 사용량, 폐기물 소각량 등 단위 활동자료당 발생하는온실가스 배출량을 나타내는 계수

# 낯설지만 당황스럽지 않게,
# 친절하지만 장황 되지 않도록

기후변화 대응을 위해 환경정책 업무를 담당한 지 햇수로 좀 되었다. 많이 익숙해지기는 했지만 가야 할 길이 아직 멀다. 그러기에 내로라하는 업계 전문가들 앞에서 섣불리 책을 펴내는 것이 옳은 결정인지 에필로그를 쓰는 지금도 망설여진다. 한편으로는 환경정책 업무를 처음 맡으면서 느꼈던 막연함, 당혹감을 활자로 잘 풀어낸다면 비슷한 업무를 처음 대하는 독자에게 업무 부담을 적게나마 덜어 줄 수 있지 않을까 하는 기대도 해봤다. 여기에 조금 더 보탠다면 책을 읽는 내내 환경경영(E) 내용들이 낯설지만 당황스럽지 않게, 친절하지만 장황 되지 않도록 실무에서 접했던 경험과 업무내용을 알맞게 전달하고자 했으나 워낙 글 쓰는 소질이 없다 보니 희망으로만 그쳤다. 어찌됐든 지금은 많이 시원 섭섭하다.

한편, 독자들의 경험과 기대치가 모두 다르기에 애초에 환경경영(E) 파트 구성 시 기후변화 전반적인 내용으로 먼저 독자들의 이해를 구한 후 현업에서 수행되는 환경정책 업무를 간략히 소개하는 것이 좋겠다고 마음 먹었다. 그런데 막상 작성하고 보니 기후변화 대응을 너무 강조한 나머지 문장의 호흡이 길어졌고, 실제 독자들이 관심 갖는 우리 회사 환경경영(E) 사례에서는 '이것 잘했어요' '열심히 하고 있어요'처럼 은연 중 업무 자랑이 묻어 나와 자칫 잘난 체로만 비치지 않을까 염려스럽다. 독자들께 넓은 혜량을 구한다.

기후변화 영역은 자고 나면 새롭게 맞닥뜨려야 하는 과제들이 적지 않다. 특히 2017년 기후변화 관련 재무정보공개 전담협의체인(TCFD)차원에서 '기후 관련 재무공시 권고안'이 발표된 이래 미국, 유럽 등 주요 기후변화 선전국에서 이를 공적 규제영역으로 편입하기 위한 논의가 활발해지고 있다. 앞으로 기후변화 공시는 지금과는 다른 양상으로 펼쳐질 가능성이 크다. 이제 Financial Society의 기대 수준에 부응하려면 신뢰성 높은 탄소정보 공개뿐만 아니라 온실가스 감축 방안 등 지금보다 더 구체화된 대안이 필요할 것이다. 회사의 제도와 시스템에도 많은 준비가 선행되어야 할 터인데 그러기에는 2025년이 너무 빨리 다가오는 것 같아 어질어질하다.

이 글을 작성하는 내내 그동안 관성처럼 수행하던 일들을 돌아보고 정리할 수 있어 의미가 컸으며, 또 내년에 해야 할 일들을 미리 계획하는데 도움이 되었다 말하고 싶다. 글을 좀 더 잘 적었으면 하는 개인적 책망과 아쉬움은 이제 접어두고 다만 이 글을 읽는 독자가 SK텔레콤이 수행하는 환경경영(E) 업무를 이해하고 본인의 업무에 보탬이 되는 작은 아이디어 하나 얻어 갔으면 한다. 책의 마침표를 찍은 이 순간 막 한 발작 뛴 기분이다.

_ 강세원

# 착한 기업이 지속가능하고 성공하는 시대

  어느덧 ESG 관련 업무를 한 지 3년이 넘어간다. ESG 업무를 처음 맡았을 때 회사 내 주변의 반응을 생각해보면 지금과는 사뭇 달랐다. "ESG와 SV는 뭐가 다른 거야?", "ESG가 왜 우리 일이야? 우린 해야 할 일이 따로 있으니, ESG 담당 조직에서 알아서 해!", "ESG 유행이 언제까지 가겠어? 금방 사그라들겠지!", "ESG 경영 개선을 해야 해? 대외 평가 결과만 좋으면 되는 것 아니야?" 등 부정적 반응이 일부 있었다. ESG 업무 중 오롯이 ESG 담당 조직만 만들어 갈 수 있는 업무는 거의 없다. 이러한 이유로 초기에 업무 추진 시 유관 조직의 이해를 구하고 협업을 이끌어내는 데 어려움이 있었던 것이 사실이다. 사회적 가치 실현을 주요 경영 전략으로 추진해 온 SK텔레콤도 이러한 분위기였는데, ESG 경영을 추진하기 시작한 국내 다른 회사들 또한 크게 다르지 않을 것으로 생각된다.

  하지만, ESG가 점차 기업들 사이에서 생존 전략으로 인식되고, ESG 필요성에 대한 공감을 회사내에서 만들어 내면서 주변의 인식도 바뀌었다. 회사의 지속가능 발전을 위한 ESG 경영개선 과제를 유관 부서와 협업하여 하나하나 실행해 나가고, 이러한 개선 내용이 ESG

평가 결과로 연계될 때마다 담당자로서 큰 보람을 느낀다. 특히, 불과 2~3년 전만 해도 ESG 경영을 위해 이사회 등 지배구조를 개선한다는 건 생각지도 못했는데 지금은 가능해진 것에 가슴이 벅차다.

지금은 착한 기업이 지속가능하고, 성공하는 시대이다. 착한 기업이 되기 위해선 겉으로 드러나는 ESG 평가 결과뿐만 아니라 내실을 다져야 한다. 책에서 소개하는 ESG KPI, 성과 측정, 정보 공시, 이해관계자 커뮤니케이션 등 ESG 경영 시스템 및 프로세스 측면에서 지속가능경영을 위한 기반을 먼저 만들 필요가 있다. 지속가능한 토양을 만들기 위해 같은 고민하고 있는 ESG 업무 담당자들에게 이 책이 토양을 비옥하게 만드는 시원한 물줄기가 되길 소망한다.

ESG 평가 결과보다 내실의 중요성을 얘기하면서도 ESG 전문 평가기관의 결과를 기다릴 때마다 학창 시절 성적표를 기다리는 기분을 느끼는 건 아직까지 필자의 내공이 부족해서가 아닐까 싶다. 우리나라의 모든 기업이 착한 기업이 되길 바라고, 사랑하는 나의 쌍둥이 아들이 살기 좋은 사회가 되길 바라며 책을 마무리한다.

_ 김용진

# • 갈라북스 · IDEA Storage 출간 도서

세상 모든 지식과 경험은 책이 될 수 있습니다.
책은 가장 좋은 기록 매체이자 정보의 가치를 높이는 효과적인 도구입니다.

갈라북스는 다양한 생각과 정보가 담긴 여러분의 소중한 원고와 아이디어를 기다립니다.

– 출간 분야: 경제 · 경영/ 인문 · 사회 / 자기계발
– 원고 접수: galabooks@naver.com